EMMANUEL
À JOSEPH
À DÂVIT

Avec les meilleurs
voeux d'Emmanuel,
Pierre-Louis Mallen

Maquette de la couverture : Jacques Léveillé

ISBN-0-7761-4802-8

© Copyright Ottawa 1975 par les Éditions Leméac Inc.
Dépôt légal — Bibliothèque Nationale du Québec
4e trimestre 1975

ANTONINE MAILLET

EMMANUEL À JOSEPH À DÂVIT

UNE NATIVITÉ EN ACADIE

LEMÉAC

À Claudette
qui s'est trouvée, elle aussi,
au rendez-vous.

CHAPITRE I

VOUS n'allez pas vous mettre encore un coup à blâmer les gens des côtes pour tout ce qui est arrivé en ces années-là. Faut pas oublier les marées hautes qui rongent tous les ans trois pieds de rocher; et les marées basses qui bavent sur le sable des bois tordus et des coquilles mortes. Et quand les eaux laisseraient des coquillages pleins et des algues fraîches entre les épaves, les gens des côtes sauraient bien que les prochaines marées s'en viendraient encore tout balayer. Alors faut pas les blâmer. La vie des anses, des dunes et des pointes est trop précaire pour permettre aux hommes de la mer de creuser leur cave dans la roche.

C'est les goélands qui le savent.

Les goélands et Ânne, la tireuse de cartes. Dans l'ancien temps, on aurait appelé Ânne une prophétesse. Mais on a moins de prétentions, au pays des côtes, et on la nomme la vieille Ânne, tireuse de cartes. Parfois, il lui arrive aussi de lire la tasse, ou même de lire le temps.

— Y ara de l'orage, mais un orage qui pourrait laver le temps, qu'elle dit, la vieille Ânne, aux goélands.

Mais les goélands savent, comme les gens du pays, que les orages n'ont vraiment jamais lavé le temps, voyons donc! qu'il y a trop de crasse d'entassée là, trop de nuages pourris, trop de mauvaises pluies gelaudées dans le grain de nordet.

Et Ânne rentre dans sa cabane de bois mou à moitié blanchie par le sel qui a mal séché sur les planches.

— Le mois de mar' va bétôt achever et les outardes allont revenir.

Elle dit ça, Ânne, parce que sans elle, les outardes ne rentreraient plus. Sans la croyance de la vieille Ânne et de Siméon, son voisin, comment les outardes retrouveraient-elles leur chemin entre les dunes et les buttereaux, au bord des caps, au pays des côtes? Elle parle de très loin aux outardes qui se laissent prendre et emporter.

Et c'est comme ça que chaque année le printemps revient, un peu plus tard que d'accoutume, en traînant de l'aile, comme si c'était pour la dernière fois.

Mais on ne peut tout de même pas blâmer les pêcheurs pour ça.

En l'an de grâce qui fit un peu de bruit au pays — oh! pas de quoi fracasser les vitres ou les habitudes des honnêtes gens, mais quand même du bruit, oui, un certain bruit — l'hiver ne finissait plus de traîner, s'agrippant aux branches, s'accrochant par lambeaux aux toitu-

res qui en suaient de partout. Et chacun se disait :

— Ce printemps-citte sera point coume les
autres.

Don l'Orignal l'avait dit le premier. Et la
parole de Don l'Orignal, à la Pointe-à-Jérôme,
faisait autorité. De tous les hommes de la baie,
il était le seul à ne pas pêcher. Il chassait le
gros gibier. Et ce lien avec la terre, avec les
bois, semblait renforcer son lien avec les ancêtres, premiers débarqués au pays. Il était fils de
Louis à Gabriel à François à Pierrot, ce Pierrot
à Pierre à Pierre qui avait connu l'exil avec ses
frères, mais qui était revenu, à pied à travers
les bois et les prés, à la terre promise de ses
aïeux. C'est cette terre qu'habitaient maintenant Don l'Orignal et les siens, et qui n'avait
pas l'air de vouloir tenir sa promesse.

— Une terre pourrie et une mer morte, disait Gapi, le pêcheur d'anguilles en été et
d'éperlans en hiver. Si ça continue, je finirons
par manger nous-autres-mêmes l'abouette de
nos ains ; par rapport que les poissons en voulont pus.

Mais Gapi n'en continuait pas moins à ai-
guiser les trois pointes de sa fouëne pour la
prochaine saison d'anguilles. Et la Sagouine,
des épingles à linge plein la bouche, regardait
son homme de travers.

— Heh ! qu'elle disait, coume si asteur...
coume si le poisson allait se laisser pogner par

un pêcheux qui y croit point.

— Qui croit point à quoi?

Mais la Sagouine ne répond jamais aux questions de Gapi, parce que les questions de Gapi ne sont jamais que des manières de réponses interrogatives. Et elle poursuit sa besogne, du panier à la corde, et de la corde au panier.

Alors la Sainte, sa voisine, sort le nez de son terrier, comme une fouine au printemps, et huche dans les draps:

— Ça sera un mois de mar' coume les autres, pas pus chaud, pas pus beau, pis aussi creux que les autres. C'est moi qui vous le dis.

Et les mots de la Sainte s'en viennent s'entortiller dans les draps de la Sagouine qui a peine à les empêcher de partir au vent.

— Les hommes sont trop mauvais et méchants pour mèriter mieux. Le djable est lousse.

Cette fois, le suroît s'empare des malédictions de la Sainte et les fait tourbillonner d'une cabane à l'autre, se cognant à chaque linteau et à chaque châssis.

— Quoi c'est qu'a' dit là, la grand' bringue?

— A' va encore attirer le malheur à force de le prédire, la sainte femme de soubassement d'église.

Mais la femme de soubassement d'église passe devant Noume et Michel-Archange sans leur jeter un oeil, filant tout droit vers sa mission.

— A' s'en va prier pour le salut de ton âme, Michel-Archange, mets-toi à genoux.

— À genoux dans ma doré pour y patcher le fond, reprend Michel en donnant de grands coups à la planche pourrie de son chaland. La vie, nous faut aller la qu'ri' là, qu'il dit en pointant le menton vers la mer.

— Et pis le salut, lui?

Alors Michel-Archange se tourne carrément vers Noume qui mâche une couenne de varech.

— Le salut pis la vie, c'est la même sacrée chouse, mon 'tit gars. Seurement y en a un qui dure plus longtemps que l'autre, c'est toute.

Et Noume, en crachant ses algues:

— Christ Almighty! qu'il fait. Et la bouche ouverte... mais non, il n'ajoute rien et sourit vaguement au soleil.

Sur les dormants de la voie ferrée abandonnée depuis une génération aux foins salés, les petites bottes tordues de la Cruche sautent comme des pattes de becs-scies, ces menus oiseaux de mer qui courent dans les pistes des goélands. Car la Cruche a toute l'apparence d'une jeune mouette, se faufilant sans bruit et sans méfiance entre les oiseaux et les hommes de mer. De quoi, en fait, se méfierait-on? Et la Cruche continue d'aller et venir, oeil clair et crine au vent, distribuant à tous, morceau par morceau, sa naïveté entamée avec ses quatorze ans. Et personne au pays, hormis la Sainte, ne songerait à en blâmer la Cruche, ou les hommes.

— Salut, la Cruche! qu'on lui crie d'un chaland à l'autre, ou d'une brouette à un traîneau.

Et la Cruche lève le menton et glisse ses doigts entre ses mèches.

— Ah! c'telle-là! que jette la Sainte en la voyant enjamber les dormants, a' finira par nous apporter le malheur. Le péché attire jamais rien d'autre.

Telle était, noir sur noir, l'opinion de la Sainte sur le péché; et tel était le jugement qu'elle rendait sur la Cruche. Mais là-dessus, tous n'étaient pas du même dire, la plupart de ces gens d'ailleurs ayant sur le sujet beaucoup plus d'instinct que d'opinion. Et Don l'Orignal, juché royalement sur sa souche, dit entre deux bouffées:

— Le péché attire peut-être ben itou un petit brin de misaricorde.

Ce jour-là, la Cruche apportait à sa mère et aux siens une fraîche nouvelle de printemps.

— C'est le Zacharie pis son Élisabeth qui s'en venont de la Butte-du-Moulin.

— Ah!

— L'Élisabeth et pis son Zacharie?

— Ben là asteur!

— Ajoute une petite affaire de jus dans le fricot, la Sagouine.

Et la Sagouine, sans se demander où trouver le jus pour sa soupe, court vers sa cabane en empoignant le premier poêlon qui lui tombe sous la main.

— Élisabeth, c'est sartain, va nous apporter des nouvelles.

C'est certain. Élisabeth et Zacharie ne s'arrachent jamais pour rien à leur Butte-du-Moulin, et ne s'amènent pas comme ça dans la parenté sans apporter des nouvelles fraîches de la famille, de la butte et du pays.

Un beau pays, la Butte-du-Moulin, Plus propre que la Pointe-à-Jérôme, plus tempéré aussi; surtout moins exposé à la rage du nordet et des lames. C'est pourquoi les Zacharie, de père en fils, s'y étaient établis. Zacharie, père de Zacharie, père de Zacharie... une longue lignée de Zacharie. Mais le malheur avait frappé le dernier de sa race: il n'y aurait plus de Zacharie.

— Dire que fallit que ça seyit moi!

— Ah! recoumence point tes jérémiades, Zacharie. Fallit ben que ça s'arrêtit un jour, c'te race de Zacharie-là.

Il regarde de travers:

— Et pourquoi c'est ouère que fallit que ça s'arrêtit exactement asteur? Ça pouvait point espèrer à mon garçon? Ou arrêter à mon pére?

— C'est ça, à ton pére; pis là, tu rechignerais point.

Et le couple poursuit, en fronçant le menton, sa route entre les rigoles qui découvrent petit à petit le sable sous la neige en giboulée. Et leurs pas ne s'accordent point.

— C'est mal fait, ça. La vie est mal faite; et le monde est mal fait.

— Toute finit par s'arranger un jour. Y a rien de mal fait, hormis le péché.

— Eh ben, quel est le péché qui nous a mèrité ça?

— Zacharie! que je t'entende!... Tu parles coume un hérétique, ou ben un païen. Et pis taise-toi asteur. J'arrivons sus l'Orignal. I' t'avont écouté te lamenter longtemps assez. Fais un petit effort pour parler d'autre chouse.

Tout le monde, groupé autour de Don l'Orignal, attendait en effet qu'on veuille bien parler d'autre chose que de la stérilité d'Élisabeth.

Sauf Gapi.

— Quel âge qu'a' peut ben aouère, la belle Élisabeth? A' t'a-t-i' point portée sus les fonds, la Sagouine?

— Gapi, erlargue pas ta mauvaise langue; y en a qui pourriont en souffri'.

— Hé-hé! qu'il fait Gapi, en replongeant sa varlope dans le bois mou de sa rame.

Et la Sainte, qui arrive tout essoufflée:

— R'vlà l'Élisabeth qui r'vient nous rabattre les ouïes, qu'elle fait; j'avons point achevé de r'sauver le monde.

C'est moins le monde qu'elle craignait de voir sauver, la Sainte, que de le voir sauvé par

un autre. Car son prestige de femme de Dieu
sortait toujours affaibli des visites du couple
Zacharie, ces Zacharie qui, même au-delà de
leur butte, avaient grande réputation d'honnêtes gens.

— Faites coume chus vous, Zacharie pis
Élisabeth, rentrez prendre une chaise.

— Pis mequ'i' manque des chaises, Don
l'Orignal aouindra ses quarts, qu'ajoute Gapi
en-dessous.

Mais la Sagouine s'empresse de réparer
l'insolence de son homme en prenant le bras
d'Élisabeth.

— Le printemps viendra-t-i' après son
heure encore c'te ânnée? qu'elle fait en passant
la porte.

Les Zacharie, cette fois, apportent trop de
nouvelles pour s'arrêter au printemps. Et moins
d'une heure après leur arrivée, ils ont déjà
abordé le sujet.

— C'est du bon thé, ça, l'Orignal, qu'elle
fait, l'Élisabeth. Dépêchons-nous à le bouère
tandis qu'il est chaud.

Don l'Orignal dresse un oeil; Gapi renifle;
la Sagouine fige et Michel-Archange tourne la
tête vers Zacharie. Mais c'est la Sainte qui ouvre le feu:

— Quoi c'est qui va pas c'te fois-citte?

Car les mauvaises nouvelles, c'était son fief;
et elle n'aimait pas du tout entendre ces parve-
nus de la Butte-du-Moulin s'emparer de quel-

que malheur à sa place.

Mais la Sainte n'avait pas besoin de tant s'énerver, Élisabeth n'avait encore rien dit, ou quasiment rien... faut bouère son thé quand il est chaud, c'est toute.

— Heh!...

Alors la femme de Zacharie se lance :

— J'ai de la parenté dans le Nôrd, qu'elle commence à conter. À Maisonnette. Yelle se trouve ma cousine, de la descendance du même Dâvit que moi.

— Dâvit à Jude, de jongler Don l'Orignal, un petit brin défricheteux lui aussi.

— Oui, et apparence...

Les apparences étaient des plus mauvaises dans le Nord, en effet. Ça n'allait plus, vraiment plus. Depuis cette nouvelle loi sur la centralisation, le peuple des paysans-pêcheurs-bûcherons, qui ne s'était pas trop interrogé jusque-là, commençait à gratter la terre avec ses pattes d'en avant. Ce n'était pas la première fois pourtant qu'on le réveillait un bon matin pour l'inviter à ramasser son ménage et sa famille et à s'enfoncer un peu plus loin dans les bois. Mais les bois sont sillonnés de rivières, dans ce pays-là, et on finit toujours par en suivre une et revenir à l'anse, puis la baie, puis la côte. Et on largue de nouveau ses filets et ses trappes à la mer.

Cette fois, c'était autre chose : on le déménageait en ville. Les temps avaient tellement changé, voyez-vous, l'économie tellement évolué, l'industrie progressé partout. Ce n'était plus possible de continuer à fournir les routes, les postes, le transport, l'électricité, le téléphone et... mon Dieu ! les écoles, tout un système d'éducation, d'autobus scolaires, d'enseignants, d'enseignés, tout ça dans une concession, un rang, un bout du chemin accroché comme par hasard à un autre bout du chemin qui n'atteint même pas un embranchement du chemin du roi. Voyez-vous ça !... Vous voyez ça ?

Non, il ne voyait pas.

Il n'était pas plus entêté que les autres, ce petit peuple du Nord, il n'avait pas la nuque plus raide. Mais il commençait à se sentir un peu las. Après quelques années de ballottement en hautes lames, garroché de rive en rive, tout marin finit par sentir les secousses du mal de mer, ou mal du pays. Alors quand ça dure depuis quelques siècles !... Il avait comme le goût de planter ses pieds, le peuple du Nord, d'ancrer sa cabane et ses bâtiments, et de rêver à l'avenir.

Mais c'était l'avenir justement qu'on lui offrait à la ville, un avenir de sécurité sociale et économique. Usines, transport en commun, assurance-chômage...

— De la marde! qu'il huche, le vieux tout
crochu attoqué sur le pilier du quai.

Et tous les pêcheurs de morue s'esclaffent.

L'adjoint du sous-ministre s'éponge le front
et cherche à rattraper sa phrase qui roule déjà
loin sur les galets.

Joseph se trouvait là, ce jour-là, avec les
autres, et ne disait rien. Il ne pêchait pas, Joseph, mais construisait les bateaux de pêche. Et
c'est pourquoi les pêcheurs de Maisonnette, qui
méprisaient les hommes de la terre et des bois,
respectaient le charpentier.

— Pis toi, Joseph?

— Moi, j'ai passé l'âge, i' me quitteront
icitte. Et pis, j'ai point d'enfants.

— Ben ta femme, yelle, est encore jeune;
a' pourrait t'en bailler un avant tes vieux jours.

Joseph se frotte les pieds et sourit timidement.

— Ça, ça me surprendrait, qu'il dit.

Alors un vieux pêcheur s'approche de Joseph et lui dit:

— Ça serait-i' que tu fis point confiance à
Djeu ou ben à la nature?

Mais la réponse de Joseph ne vient pas assez vite et la voiture du sous-ministre l'emporte.

Les hommes regardent le ventre gonflé de
leurs barques renversées sur la neige. Et l'un
d'eux, en caressant la coque, dit:

— Quitter ça au printemps, c'est coume
abandouner une femme qui va aouère son petit.

Le vieux pêcheur jette un oeil à Joseph qui se détourne et s'en va vers sa maison.

Il y trouve Mârie, sa femme, son tapis sur les genoux. Un beau tapis tout en fleurs et en feuillage. Elle glisse son crochet entre deux laines et lève la tête.

— I' voulont mouver le pays encore un coup, qu'il dit. Pis c'te fois-citte, pas dans les bois, ben à la ville.

— À la ville ?

— Oui, par rapport aux écoles, aux chemins, au taléphône.

— Ben j'ons ni chemins pavés, ni taléphône. Et une ben petite école.

— Je sais ben. Et c'est pour ça qu'ils parlont de nous envoyer ailleurs ; pour aouère plusse et mieux.

— Ah ? dit Mârie. Et qui c'est qui s'en viendra qu'ri' le poisson meque les pêcheux ayont bâsi ? Et qui c'est qui leu bâtira des bâtiments meque tu seyes pus là, Joseph ?

— I' nous quitteront icitte, nous autres, par rapport que j'ons point d'enfants.

— ...Peut-être ben...

Mais Mârie aussitôt s'assombrit :

— Si c'est à cause des écoles, ils allont sartainement venir qu'ri' la famille à Édouard à Maxime, et c'telle-là à Zéphir. Quoi c'est ben qu'ils allont faire en ville, ces pauvres-là ? Et la femme à Laurier qu'espère son neuvième...

Joseph pose alors une main sur la nuque de sa femme. Et tout en contemplant le tapis:

— Les temps sont malaisés, Mârie, qu'il dit, ben malaisés pour le pauvre monde. Sus les côtes coume dans les terres. D'accoutume, quand c'est que les temps venont trop durs, il arrive tcheque chouse qui boloxe la vie du monde: une guerre, une déportâtion, un naufrage... Pourquoi c'est ouère qu'une boune fois, le monde ouèrait point d'autre chouse, peut-être ben une boune affaire, pour un change, et qui s'en viendrait boloxer nos vies dans l'autre sens?

Mârie s'étonne de voir son homme sortir de son ordinaire et pour la première fois faire une phrase si longue et si hardie. Alors elle sourit et lui répond:

— Peut-être ben qu'un jour ça arrivera.

Mais Joseph est gêné d'en avoir tant dit. Et d'ailleurs il ne croit déjà plus à son rêve et retourne à la fenêtre...

— C'te jour-là, je serons déjà morts, tous les deux, et même la parenté se souviendra pus de nous autres, qu'il dit.

À ce moment-là, la porte de Joseph s'ouvre dans un coup de vent. Et un pêcheur lui crie:

— Ils avont brûlé le quai, Joseph!

— Quoi c'est que tu dis?

— Le feu court sus les madriers. Viens nous aider à sauver les bâtiments.

— Ton casque, Joseph.

Et Mârie, s'enroulant dans une manière de châle, suit les hommes vers le quai.

Les femmes s'arrachent à toutes les maisons et font cercle autour de l'incendie. Et petit à petit, les figures sombres et ternes des pauvresses des côtes s'allument d'une colère qui ne sait même plus à qui s'adresser.

— Qui c'est qu'a mis le feu ?

— I' pensont-i' forcer le gouvarnement par des moyens de même ?

— I' reste pus d'autres moyens aux pêcheux. Pis si je devons bâsir, le quai a pus d'affaire à rester, lui.

— J'ai peur assez que ben vite...

Mais les paroles de la vieille tombent entre les tisons qui s'éteignent dans la mer.

Au loin, dans le Sud, au pays de Don l'Original, la vieille Ânne attise son poêle qui résiste. Puis une belle flamme claire monte, et Ânne retourne à ses cartes, en face du vieux Siméon.

— T'es pus aussi jeune que dans le temps, Siméon, qu'elle lui dit, Ânne. Et tu devrais point tant t'encrasser les pommons dans le tabac fort.

Siméon fait une petite moue et crache.

Alors Ânne revient à la charge :

— Ouais, ben je crois ben que je serais aussi ben de parler aux outardes, pis aux goêlands. Par rapport que les houmes...

— Les houmes sont ben.

Ah! bon. Les hommes sont ben, qu'il dit.
Voilà que ce sont les hommes asteur qui vont
s'en venir dire à la sorcière Ânne, la prophétesse Ânne, comment se porte le monde. Ils le
savent mieux qu'elle, peut-être bien, elle, la tireuse   de   cartes,   la   sage-femme,   la
défricheteuse-de-parenté. Ah! oui, parce que ce
sont eux, les hommes, qui ont arrondi la terre
et mis le monde au monde. Sûrement. Heh! Et
elle tourne trois as de suite, la cartomancienne,
plus un dix de pique qu'elle branle sous le nez
de Siméon dans un geste qui dit à tous les
hommes que d'abord ils ne sont pas bien, et
puis quand ils le seraient, ils n'en sauraient
rien. Faut tout de même pas qu'ils se figurent,
non, qu'ils comprendront jamais quelque chose
aux mystères ou aux signes des temps.

— Les temps sont malaisés, Siméon. Et ben
vite... ben vite j'allons ouère les signes ervenir,
coume sus l'empremier. C'est écrit dans les cartes, dans l'air du temps, pis dans le vol des oiseaux.

Siméon ne comprend pas trop comment
toute cette harangue est sortie de la bouffée de
tabac qui lui encrasse les poumons. D'abord
pourquoi le tabac encrasserait-il les poumons?
Mais il se ravise à temps et ne repose pas la
question. Il laisse plutôt sa voix glisser dans une
complainte qui berce depuis des générations les
lamentations de ses aïeux:

«*Écoutez toutes, petits et grands,*
D'Exibé Thériault la complainte.
C'est en pensant à mon triste sort,
 Je l'ai bien composée d'abord.

 Je m'ai mis capitaine sur l'eau,
  Je conduisis mon équipage,
  Je commandais mes matelots
Dessur la mer, dans mon vaisseau.

J'étais aussi un homme d'honneur.
 Je trafiquais de ville en ville.
J'étais à mon aise pour quinze ans,
  Mon nom parmi les grands.

 Mais à présent tout est changé,
 Je ne vis que dans l'esclavage.
J'ai tout perdu mes prétentions,
J'ai fait naufrage au Cap-Breton.

 C'est alors que, ma croyance,
 On voulait me mettre à la gêné.
 Pour éviter la prison reformée,
  J'ai été d'un pays étranger.

 Dedans ce pays étranger,
Je n'ai fait que d'verser des larmes.
 Je ne vois plus mes chers enfants
Et la cell' que mon coeur aime tant. »

Ânne, accordant sa tête à celle de Siméon, entre
aussi dans la complainte :

« *De d'là, je m'en est fut,*
C'est dedans mon pays natal.
J'étais avec nos chers enfants,
Et la celle que mon coeur aime tant. »

Dans la cabane de Don l'Orignal, on se
berce, aussi. C'est coutume, au pays de bercer
les meilleurs et les pires moments : on berce la
naissance au berceau ; on berce la mort dans
des lamentations ; on berce ses contes, ses
complaintes, ses confidences.

Élisabeth et la Sagouine, à l'écart, s'arrêtent de bercer. Et genoux contre genoux, elles
causent :

— Combien asteur que t'as pardu d'enfants, la Sagouine ?

— Dans le temps, c'était malaisé. J'en ai
pardu neuf dans les langes.

— T'as porté neuf fois en terre un enfant !

— Ben j'en ai réchappé trois. Et ceuses-là
sont ben portants.

Et Élisabeth, jongleuse :

— À mon âge, j'arais point le temps d'en
pardre trois pour en réchapper un.

— À ton âge, Élisabeth, faut pus espèrer...
faut point espèrer que la vie s'en revenit à re-
bours. Hormis asteur que le Bon Djeu s'en mê-
lit.

— Ben si i' voulait, i' pourrait s'en mêler.
Dans l'ancien temps, j'avons déjà vu ça.

— J'avons déjà vu ça, dans l'ancien temps, admet la Sagouine. Mais les temps avont changé. Y a pus de baleines dans la baie, ni marsouins, ni vaches marines. Et pus de marionnettes dans le ciel, les nuits d'hiver. C'est pus coume dans le temps.

Alors Élisabeth, approchant son nez de celui de la Sagouine :

— Ils contont que les pêcheux de l'Île avont vu danser les dauphins en haute mer, la semaine passée; ils sortiont d'entre les glaces, qu'i' contont.

— Ah ben?

— Et pis la darniére lune avait des taches sus le flanc, apparence.

— Faudra que je m'émoye à la vieille Ânne.

— Et même Zacharie fait des songes la nuit.

— Zacharie asteur?

— Si fait. Et pis moi, depis queques mois... Coument c'est qu'une femme peut dire, la Sagouine, si son enfant va réchapper?

La Sagouine ne s'en remet pas tout de suite. Puis elle bicle, referme la bouche et regarde le ventre d'Élisabeth.

— Un enfant qui vient après l'âge, pis qu'est l'ouvrage du Bon Djeu, qu'elle fait, faut ben qu'i' réchappit. Me r'semble qu'y a point un saint du paradis, pas même Djeu le Pére en parsoune, qui se baillerait le trouble de faire un pareil miracle pour ensuite l'effacer tout de suite après.

Alors Élisabeth pose la main sur le bras de la Sagouine et, les yeux mouillés, plisse un petit sourire malicieux au coin de ses lèvres :

— C'est Zacharie qui va en aouère des coliques ! qu'elle dit.

Et les deux femmes se remettent à se bercer, riant et reniflant à plein nez, en regardant le ventre de la vieille Élisabeth.

C'est comme ça.

Les hommes, près de la fenêtre, n'ont pas cessé de fumer et de cracher, tout ce temps-là. Gapi est assis sur le même banc que Zacharie ; et les deux pipes font une seule boucane au-dessus de leur tête. Michel-Archange, près du poêle, attise le feu de temps en temps, scandant les rares interjections des hommes :

— Eh oui !

— C'est ça.

— Ben-ben !

— Si fait... si fait.

Puis Don l'Orignal se tourne vers son garçon qui s'étire les jambes :

— Rouvre la porte, Noume, un escousse ; l'air coumence à être pesante.

Et la porte ouverte laisse filtrer le cri des outardes qui rentrent du sud.

— La vieille Ânne avait raison, dit Don l'Orignal ; le mois de mar' va bétôt achever.

— Et ça sera point un mois de mar' coume
les autres, point un printemps coume les autres... d'ajouter la Sagouine.

Et Zacharie :

— Pourvu asteur que les pauvres pêcheux
du Nôrd seyont point obligés de s'exiler à la
ville avant que la pêche erpornit.

Et tous regardent les étoiles, cherchant à y
reconnaître les oiseaux, qui n'ont pas l'habitude
de crier la nuit.

Un peu en retrait des autres cabanes, celle
de la vieille Ânne s'allume soudain. Et par la
fenêtre face à la mer, on voit approcher une
lampe, puis le visage de la tireuse de cartes :

— Point une ânnée coume les autres,
qu'elle dit.

CHAPITRE II

TROIS savants, penchés sur de gros livres d'anthropologie, de sociologie et d'économique, se grattent les oreilles. Ils sont là depuis plusieurs mois déjà, plongés dans leurs sciences, jouant à pile ou face avec les graves questions que se posent tous les ans les États, mais qu'on renvoie au bout de chaque année aux philosophes, aux statisticiens, aux Commissions royales d'enquête : comment traiter l'injustice et la pauvreté.

Et les trois savants empilent des notes, semaine après semaine.

— Vous ne pensez pas, chers collègues, qu'il serait temps d'aller vérifier nos données sur place ? dit en se décroisant les mains le sociologue en soutane blanche.

— La vie, en effet, ne ressemble jamais tout à fait à nos livres, à nos pronostics ou à nos prémonitions, d'ajouter le second, le poing sur la joue et les mèches sur le front.

Et le troisième, un jeune enthousiaste sorti de la capitale :

— Nous ferons notre rapport dans les deux langues, qu'il dit.

Alors le dominicain sort une grande carte qu'il déplie sur la table et pose son doigt sur un point :

— Là, dit-il, là vit un petit peuple, isolé et méprisé depuis des générations, déraciné à plusieurs reprises et déporté dans des terres étrangères. Mais c'est apparemment un peuple fidèle et entêté, qui revient toujours à sa terre d'élection. Une sorte de terre promise pour lui.

Les deux autres commissaires scrutent la carte et balancent la tête de haut en bas.

— Aurait-on des raisons de croire, demande le second, qu'il pourrait se passer là quelque chose d'intéressant?

— Non, justement, il ne se passe rien, répond le doyen; et c'est ça qui est intéressant. Nous irons pêcher en mer calme.

— Ah bon! reprend le commissaire bilingue, si je comprends bien, nous nous dirigeons vers le pays des côtes...

Et il est tout heureux, le jeune zélé, d'avoir trouvé ça.

Au pays des côtes, la mer est calme, en effet. À peine quelques remous en surface. Mais dans la capitale, le gouverneur n'est pourtant pas tranquille. Il connaît la mer, le gouverneur des côtes, et sait bien que les eaux sont toujours calmes à la veille des tempêtes. Récemment dans le Nord...

La voix métallique de l'intercom interrompt sa rêverie.

— Mr. Isaïe Chiasson, Sir.

— Let 'em in!

Et Isaïe Chiasson entre, refermant doucement la porte derrière lui, pour ne pas déranger.

Le Gouverneur Harold regarde Isaïe s'approcher de son bureau à pas feutrés, le corps
en excuse et le visage contrit.

— Je regrette de vous déranger, M. le
Gouverneur, mais il se passe des événements
graves dans notre boute et nous avons pensé...

— Vous avez pensé, Mister Chiasson?...
coupe le Gouverneur Harold. Now you think,
when the harm is done. I heard that some ter-
rorists have burnt a wharf on the North Shore.
Ça c'est grave, Mister Chiasson.

Isaïe Chiasson, le délégué du Nord, lève la
tête. Mais le Gouverneur ne lui laisse pas le
temps de s'expliquer.

— But a wharf doesn't mean anything.
C'est les pêcheurs qui vont payer pour, anyway. What is bad is rebellion and terrorism.

— Le peuple a faim, Excellence.

— Le peuple est un abruti, Mister Isaïe. I
have handled men long enough to know that

> «*Oignez vilain, il vous poindra ;*
> *Poignez vilain, il vous oindra.*»

Isn't that how it goes in your language? Listen
to me, Isaïe. I know you 're a sound man and a
hard-working fisherman. Do your job and let
me do mine. Laissez-moi faire ma job. For your

own good, let us force you to a better life, move the people to the industrial centers...

— Justement, M. le Gouverneur, c'est là le problème qu'a tout déclenché.

— I know. La révolte du North Shore est une résistance to the centralisation of schools, transport and economy. Faut pas demander à un pêcheur de morue de comprendre the complex mecanism of modern life. That's why we do not ask him to understand, but to move, knowing that we are building up his futur... pour son bien.

— Mais son bien, il le voit pas rien que dans l'économie et l'industrie, réplique Isaïe.

— And you say he's hungry?

— Oui... il veut vivre. Il a besoin de travailler... ben itou de parler sa langue, de se sentir chez lui, d'espèrer un jour une petite affaire, plusse de justice et de liberté...

— What? jappe le Gouverneur Harold. Your people thinks he's mistreated? he's not free? not home on his shores?

— On his shores, hardly. Ça fait qu'imaginez-vous ce que ça sera mequ'il seye rendu en ville!

— You are ungrateful, Isaïe! Unconscious and ungrateful! Your Government has given your everything: progress, education, welfare. Qu'est-ce que vous voulez, hein? What does the North Shore want?

— Vivre, chez nous!

Cette petite phrase du délégué du Nord saute à la figure de Harold comme une mouche, et le gouverneur la chasse d'un revers de main.

Sous la fenêtre, la ville grouille, anonyme et affairée.

Sur la baie du Sud, les pêcheurs cassent la glace à coups de pics et de harpons. Peut-être réussiront-ils à y réveiller les anguilles qui dorment, enfouies dans la vase, et à les happer avec leurs fouënes à trois dards.

— La délégâtion à Zaïe Chiasson arait point eu porté grand fruit, au dire des genses du Nôrd, de risquer Michel-Archange.

— C'est point le dénommé Harold, tel que je le counais, qui va trembler devant un pêcheux de harengs pis de morues, d'ajouter Gapi.

— Ben peut-être ben qu'un jour, i' tremblera devant pus petit que lui, de dire le jeune Citrouille, un peu à l'écart des autres. Parce que c'est pas toute d'être fort, pis riche, pis gros...

— ...Non, i' faut itou aouère la force, l'argent pis le pouvouère, de rire Noume.

Et Gapi, renfrogné comme d'habitude :

— Les pêcheux du Nôrd seriont aussi ben de faire coume ceuses-là du Sû : pêcher pis se farmer la goule.

— Ils avont pus c'te libarté-là, apparence, lui dit Noume. Par rapport que rendus à la

ville, ils aront beau se farmer la goule, i' pêche-
ront pus.

Et à grands coups de pic, Michel-Archange
répète :

— Ça va mal, ça va mal. Asteur que les
dragueux se mettont à draguer le fond de
l'eau...

Tout à coup, Citrouille ouvre la bouche
comme s'il venait d'avaler sa fouëne. Puis se jetant à genoux sur la glace, il approche la tête
du trou où l'eau fait une manière de gros bouil-
lon.

— Y a de quoi là, qu'il dit aux autres.

Et les autres s'approchent du trou.

— Sacordjé de Djeu, quoi c'est que Djable
qui grouille là ! de s'exclamer Michel-Archange.

— Le djable dans l'eau bénite, dit Noume.

Et Gapi :

— Ça fait une boune escousse que le djable
est mort, pis ça c'est de l'eau salée.

— C'est une tortue ! crie Citrouille.

— Une quoi ?

— Coument ?

— Une tortue, qu'i' dit ?

— Oui, dit Noume, pis elle est pognée entre les glaces.

Alors Gapi, solennel :

— Si ça c'est une tortue, moi chus un séna-
teur.

Michel-Archange plonge toute la tête dans
le trou. Puis se redressant, il se tourne vers
Gapi.

— Greye-toi, qu'il dit, pour partir au gouvarnement; c'est une tortue. Pis à la grousseur
qu'elle a, ça peut en être une d'au moins une
demi-tonne.

La Sainte passe la tête entre les draps qui
ballottent au vent et huche:
— Une tortue d'une demi-tonne! Les pê-
cheux l'avont pognée dans la baie.
Au son de glas de la Sainte, toutes les têtes
sortent des cabanes.
— Une tortue?
— Une demi-tonne?
— Ben c'est un monstre! I' peut ben pus
aouère un seul poisson de reste.
— J'allons toutes pèri.
Et la Sainte de renchérir:
— Oui, toutes pèri'. Quand c'est que les
monstres d'empremier reviendront envahir nos
mers et nos bois, ça sera la fin du monde.
Mais Ânne, sur le perron de sa cabane, fait
un grand geste de protestation.
— Non, pas la fin du monde. Tout ça peut
itou annoncer des temps nouveaux. Ça sera
peut-être ben le recoumencement.
Heh! Ce n'est pas la Sainte qui s'en lais-
sera imposer par une sorcière.
— Un recoumencement! qu'elle rejimbe.
Ça fait depuis le coumencement du monde que je
recoumençons, chaque matin, à gratter la terre

pour y ragorner des racines, pis à forter dans les russeaux pour y attraper des barbeaux. C'est ça la vie qui recoumence chaque matin que le Bon Djeu amène. Et c'est ça que j'allons faire jusqu'à la fin des temps pour expier nos péchés que mort s'ensuive. V'là ce que je dis.

Mais la Sagouine, secouant violemment ses tapis:

— Ah! ben, jamais je croirai! Jamais je croirai que j'allons asteur nous faire régler nos vies par c'te forlaque de Sainte qui nous envoyera toutes brûler durant une longue étarnité!

— Intchète-toi pas, la Sagouine; c'est point yelle qui fera ni ta vie ni ton étarnité à ta place, dit pacifiquement Don l'Orignal. Y a tchequ'un d'autre en haut qui gouvarne le monde.

Mais la Sagouine n'est pas tout à fait tranquille là-dessus.

— A' fera peut-être pas nos étarnités, ben jusqu'asteur, elle embarrasse ben gros nos vies, qu'elle dit.

Et donnant un dernier coup de tapis au vent:

— Je m'en vas dire coume la vieille Ânne: j'arions besoin icitte des temps nouveaux pour s'en venir changer l'air une petite affaire.

L'air était en effet vicié au pays de la Sagouine, et tout le long des côtes, et un peu partout à travers le monde. Et partout, le monde tenait sa respiration comme s'il attendait quelque chose.

Seule Mârie, femme de Joseph, laissait tranquillement couler les jours, s'inquiétant moins du sort du monde que de celui de son voisin Laurier en chômage, ou de sa cousine Élisabeth qui attendait un enfant sur ses vieux jours. Elle souffrait de voir souffrir les hommes autour d'elle, Mârie à Joseph, mais ne se torturait pas trop sur le ciel et l'enfer.

...Les enfants à sus Édouard à Maxime iront à l'avenir dans des écoles anglaises, qu'elle pense, Mârie, en pelotant sa laine enroulée sur le dossier de sa chaise. Et jetant un oeil à son tapis presque achevé sur le chevalet, elle voit sortir des fleurs et des arbustes rouges et jaunes des dizaines d'enfants qui rient au soleil. Les enfants courent et jouent. Puis soudain, l'un d'eux s'arrête et tend les bras vers Mârie, comme s'il cherchait à s'arracher aux fleurs, aux feuilles, aux laines patiemment crochetées pendant des mois.

Mais trois coups à la porte arrachent brusquement la femme de Joseph à sa rêverie. Et elle va ouvrir au passant.

— Je passais comme ça, dit l'étranger. Et j'ai pensé que vous voudriez bien accorder une bolée d'eau fraîche à un pauvre quêteux qui vous le demande pour l'amour de Dieu.

Marie ouvre toute grande sa maison au vieillard. Puis :

— Vous prendriez peut-être une gorgée de biére d'épinette ?

Et avec l'épinette, elle offre au quêteux une assiettée toute chaude de cakes à la mélasse.

— I' sortont du fourneau, qu'elle dit, Mârie, un peu honteuse d'être aussi fière.

Le passant pose les yeux sur le tapis.

— C'est ben beau, qu'il fait. J'ai vu ailleurs des femmes piquer des courtepointes et tisser des catalognes aussi. Et je les ai entendues chanter :

«*Fendez le bois, chauffez le four,*
Dormez la belle, il n'est point jour.»

C'est pour endormir les enfants... Vous chantez aussi en crochetant les tapis pour endormir votre enfant ?

Mârie baisse la tête.

— Je n'ai point d'enfant, qu'elle dit.

— Ah ! pardon, dit le vieillard. Mais faites-vous-en pas. Vous êtes encore ben jeune.

— Oui... mais Joseph, mon houme, vieillzit et pis...

Le quêteux regarde vers la fenêtre et commence à jongler :

— Vous connaissez le conte du Petit Poucet, qui s'appelle aussi l'enfant qu'est venu au monde gros comme le poing ?

Mârie s'approche du conteur qui se met à raconter :

— Il y avait une fois un houme et une femme qu'avaient pas d'enfant. Quand, à la veillée, ils cardaient la laine ou raccommodaient les filets, ils se disaient tous les deux :

— Si encore nous avions un enfant pas plus gros que le poing, nous saurions à qui laisser notre bien.

Or un jour que la femme était en train de faire son pain, toutes les poules sont entrées ensemble dans la cuisine et la faisaient trébucher à tout instant. Elle s'impatienta.

— Si encore nous avions un enfant pas plus gros que le poing ! Il m'aiderait à renvoyer ces poules qui m'empêchent de faire mon pain !

Tout en disant ça, elle pétrissait un morceau de pâte pour en faire un petit bonhomme qu'elle mit debout sur la huche en l'appuyant contre le mur. Puis elle se mit à le contempler :

— Si encore nous avions un enfant pas plus gros que ça !

Elle poussa un grand soupir de chagrin, sortit tâter son linge qui séchait sur la corde, et s'en revint toute songeuse à sa huche.

Et c'est là qu'elle fut joliment étonnée de voir un petit bonhomme gros comme le poing trotter dans la maison.

Elle lui demande :

— Qui es-tu ?

Et lui répondit :

— Hé! mère! je chus le gros comme le
poing

Que toi-même t'as fait à matin

Avec le restant de pâte à pain.

Et avec un poêlon, il chassa les poules hors
de la maison.

Mârie et le conteur se mettent alors à rire.

— Ils sont très bons vos cakes à la mélasse,
qu'il dit, le quêteux, en faisant tourner le petit
gâteau entre ses doigts.

Et s'apprêtant à partir, il lui demande:

— Comment c'est que vous vous appelez?

— Mârie, qu'elle dit.

— Eh bien, salut, Mârie, qu'il fait.

Et il s'en va.

— Ah ben ça, ça dépasse toute! s'écrie la
Sainte, là-bas dans le Sud. Élisabeth, figurez-
vous ouère! Élisabeth à Zacharie, qu'a passé
l'âge depuis une boune escousse, ouais, Élisabeth, que je vous dis, va aouère un petit.

Et les pêcheux, l'un après l'autre, dressent
la tête comme s'ils avaient un ressort au cou.
Puis leur étonnement fond dans le doute, et
enfin dans une sorte d'amusement qui fait dire
à Gapi:

— Ben qui c'est ben qu'a fait ça asteur!

— Gapi! que jappe aussitôt la Sagouine.
Qui c'est que tu veux que ça seyit d'autre que
Zacharie, son houme?

— En tout cas, c'est point moi, dit le jeune Noume.

Et les hommes s'esclaffent.

Pendant que la Sainte, portant sa nouvelle de butte en butte continue de métiver le brouillard du matin.

— Élisabeth, qu'elle dit, Élisabeth à Zacharie va aouère un petit sus ses vieux jours. Élisabeth, asteur, Élisabeth à Zacharie, figurez-vous! Et apparence que son vieux en a eu la parole coupée. Il est devenu tout d'un coup sourd-muet, le Zacharie.

— Quoi c'est qu'a' dit?

— Zacharie a pardu la parole?

— Ben faut-i' ben!

C'est vraiment trop d'événements d'un coup, pense Don l'Orignal assis sur sa souche. Des troubles dans le Nord, une tortue géante dans la baie, et asteur un enfant dans le ventre d'une femme qu'a passé l'âge.

— Et c'est pas toute, d'ajouter Ânne, debout devant sa porte! Tout ça, c'est des signes... des signes qu'annonçont d'autre chouse que je counaissons point. J'ai pour mon dire que cet enfant d'Élisabeth sera point coume les autres, point coume les autres... Asteur, le printemps peut revenir.

Et les outardes, n'attendant plus que cette permission, font un grand V dans le ciel.

CHAPITRE III

TROIS enfants courent avertir Élisabeth :
— De la visite, Mme Zacharie ; une jeune
femme pour vous !

Élisabeth s'approche aussitôt de son devant
de porte et aperçoit sa cousine de Maisonnette
qui s'en vient doucement sous les pommiers.
Alors Élisabeth, arrachant son tablier, va au-
devant de la visite. Et les deux femmes, en
s'embrassant, voient les fleurs de pommes tomber autour d'elles comme une neige en plein soleil.

— Salut, Mârie, dit Élisabeth.

— Salut, ma cousine.

Et les enfants, leur tâche accomplie, s'en
retournent en sautillant par le clayon ouvert.

Derrière la maison, Zacharie est seul, cha-
cottant un bout de bois au couteau de poche. Il
ne parle pas, mais il jongle. Il jongle si fort,
Zacharie, qu'on peut presque l'entendre.

...Quarante ans qu'il a attendu que sa
femme lui donne un enfant. Quarante ans de
joie, d'espoir, de doute, puis de désespérance à
mesure que s'écoulaient les années. Et au mo-
ment où il a complètement renoncé, où le nom
Zacharie allait s'éteindre et qu'il en avait pris
son parti, voilà que survient cette surprise,

cette surprise qui n'a plus rien de drôle ni
d'honorable à son âge. Qu'est-ce qu'ils doivent
penser tous ? Don l'Orignal et Michel-Archange
et… et Gapi… Ah! celui-là! ce qu'il doit rire
de Zacharie, le Gapi!

Et il chacotte, Zacharie, et chacotte!

…Elle aurait pas pu se presser un petit
brin plusse, l'Élisabeth ? Et lui apporter ce
présent-là une petite affaire pus tôt ? À son âge,
Zacharie, il allait devenir la risée de la Butte-
du-Moulin et de la Pointe-à-Jérome.

Et les éclats de bois revolent du couteau de
poche de Zacharie.

…Heh! les Pointes-à-Jérôme, ils pouvont
parler, ceux-là! Don l'Orignal, peut-être ben, il
a eu un garçon, lui, au moins. Mais Gapi avec
ses filles, et Michel-Archange qu'a même jamais
eu une femme asseurement! Zacharie, lui, il
aura un fils. Sur le tard, si tu veux, mais il
continuera quand même le lignage des Zacharie.
Et que j'en pogne un, qu'il pense, le vieillard, à
venir me dire que c'te garçon-là est point un
Zacharie!… Point un Zacharie, son garçon ?
Ben alors… C'est point Élisabeth, à son âge…
Bon!… Son garçon se noumera Zacharie, ça
finit là.

Et Zacharie donne un autre grand coup de
couteau à son bout de bois.

« Ouan! ouan! »

V'là les goélands, asteur, au-dessus de sa
tête, qui ont l'air d'avoir des choses à dire

aussi. De quoi c'est qu'i' se mêlent, ceux-là? Le vieillard leur montre le poing qui dessine: il s'appellera Zacharie! Mais les goélands planent, penchent, plient les ailes et plongent de nouveau sur sa tête.

« Ouan! ouan! »

Ah! parce qu'à votre dire, faut point qu'i' se noume Zacharie, mon garçon. Ça pourrait faire rire le monde, peut-être ben. Peuh! ben, qu'i' rie, le monde! qu'i' se moquiont, qu'i' se moquiont toutes! Il s'appellera Zacharie!

« Ouan! ouan! »

Coument « ouan »! Quoi c'est que c'te nom-là? Ouan... ouan... Et pourquoi c'est faire qu'i' se noumerait-i' Jean asteur? C'est-i' rendu que c'est les goélands qu'allont mener sa vie? Ou les dires des compères et voisins qui...

...Ah! l'Élisabeth!

Mais Élisabeth causant avec sa cousine sous les pommiers, est très loin des goélands, ou même des compères et voisins de son homme.

— Apparence qu'un enfant de la vieillesse, coume ils appelont, peut venir au monde rachétique ou ben avec sa mouelle trop molle dans les ous.

— J'ai entendu dire, moi, reprend Mârie, qu'il avait plusse de chance d'aouère boune tête et de profiter vite.

— Prends encore une petite graine de thé, Mârie; t'as l'air un petit brin fagiquée!

— Quand c'est que j'ai su que t'étais de même, Élisabeth, je m'ai dépêchée de finir mon grand ménage et mes tapis et j'ai profité d'une charge de houmard que le garçon à Yvon s'en venait vendre dans le Sû.

— La pêche est-i' boune c'te ânnée?

— Coume d'accoutume. Seurement les pêcheux sont point tranquilles, par rapport à la nouvelle loi de la déportation.

— Joseph est intchète?

— I' mouvont les familles en premier. Et Joseph croit qu'il ara jamais d'enfants.

— I' se croit si vieux que ça, Joseph?

Joseph, dans son atelier, rabote la coque de son bateau. Et sa varlope fait friser les pelures de bois pendant qu'il siffle, Joseph à Jâcob, des airs de marins partant en mer. Puis il s'aperçoit, petit à petit, qu'il ne siffle plus seul, qu'en arrière de lui, une note s'est mêlée à la sienne. Alors il se retourne: un vieillard est là, debout dans la porte.

— Vous charchez tchequ'un? demande Joseph.

— Vous êtes Joseph, le constructeur de bateaux? demande à son tour le passant.

— Je construis coume ça des bâtiments, reprend Joseph. Des bâtiments de pêche pour la morue pis le houmard.

— La pêche est commencée dans le Nord, qu'on m'a dit.

— Oui, encore en coup. Mais ben vite, y ara pus grand pêcheux dans le boute.

Le vieillard regarde Joseph dans le front. Alors le charpentier essaie de parler d'autre chose.

— Y arait-i' tcheque chouse que je pourrais faire pour vous ? qu'il dit, Joseph.

— Je cherchais un cordonnier pour me réparer ça, reprend l'étranger en montrant la lanière de son baluchon. Et on m'a dit que le menuisier Joseph à Jacob aurait peut-être ce qu'i' me faut.

Joseph examine le cuir usé de la courroie en plissant les yeux.

— Faut la remplacer, qu'il dit. La vache qui vous a baillé sa peau vient point de sortir de boucherie.

Les deux vieux sourient et le charpentier s'empare du baluchon. L'étranger fait le tour de l'atelier en caressant le bois fraîchement raboté des charpentes.

— Si ben vite y ara plus grand pêcheux dans le boute, pour qui c'est donc ces bâtiments-là ?

Joseph ne paraît pas étonné de la question. Les gens des côtes ont l'habitude de ce genre de suite dans les idées.

— Par rapport qu'une parsoune sait jamais l'avenir, qu'il répond.

L'étranger lève le menton et jongle.

— Non, personne sait l'avenir, qu'il dit. Même pas ceux-là qui la font.

Cette fois Joseph est quelque peu étonné. Quoi c'est ben qu'i' voulait dire par là, le passant?

— Voulez-vous dire, qu'il dit, qu'un gouvarnement qui déporte les pêcheux à la ville sait pas ce qu'i' fait?

Le vieillard regarde par la fenêtre.

— C'est pas de changer les hommes de place qui fait l'avenir, c'est de refaire les hommes, tout court.

...Refaire les hommes, c'est facile à dire, pense Joseph. Mais quand c'est que tu vis dans un pays de marées basses et de marées hautes, des marées qui te garrochent de dune en dune et d'une rive à l'autre...

Le passant coupe la rêverie de Joseph.

— Pour faire l'avenir, un homme de notre âge a pas d'autre chose dans les mains que sa propre descendance; avec l'espoir que c'te descendance-là pourra continuer son rêve et réaliser un jour queque chose qui ressemblera à une vie d'homme comme chacun l'a voulue depuis le commencement des temps. Y a pas d'autre avenir pour vous puis moi.

Joseph se tourne carrément vers le vieux.

— J'ai point eu de descendance, qu'il dit.

Alors l'étranger le regarde avec une profonde compassion.

— Dans ce cas-là, qu'il dit, t'as pas de temps à perdre, jeune homme.

Et ramassant son baluchon, il laisse un billet sur l'établi et s'en va.

Joseph aussitôt se frappe le front comme s'il s'arrachait à un songe et court à la fenêtre:

— Jésus-Marie-Joseph! qu'il crie, qui c'est qu'est c'te vieux-là?

Dans le verger de la Butte-du-Moulin, Mârie et Élisabeth continuent de boire leur thé.

— Moi itou, dit Mârie, j'ai longtemps cru que j'arais point d'enfant. Pis un beau jour...

— Un beau jour, le Bon Djeu l'a voulu auterment. Et asteur, t'es là, Mârie, avec les autres femmes, ben contente! Et j'suis bénaise pour toi, ben bénaise... Que le Bon Djeu te bénisse. Moi non plus j'espèrais pus rien. J'avais espèré trop longtemps, vois-tu. Une parsoune finit par pus crouère à grand-chose. Et pis v'là que tout d'un coup, le monde se met à tourner dans l'autre sens, comme si la terre avait viré de bôrd, une bonne nuit.

Mârie regarde la soleil à travers les fleurs de pommes et il lui semble que la terre vire en effet. La voix d'Élisabeth lui parvient tantôt des racines qui courent dans l'herbe, tantôt des branches si lourdes que le ciel rejoint la terre par endroit.

— Quand ils seront grands, tous les deux, dit Élisabeth, ils partiront au large, en haute mer, pêcher le hareng, la morue, peut-être ben le homard durant la bonne saison.

Marie s'assombrit :

— Si seurement ça pouvait tout le temps rester petit, qu'elle dit.

Sur leurs bateaux de pêche, les hommes au large lèvent les cages à homards.

— Si mes yeux sont point aveugles, c'est les pêcheux du Sû que v'là par le suroît, dit un pêcheur du Nord.

Et son jeune compagnon de regarder à bâbord :

— C'est Michel-Archange pis Gapi de la Pointe-à-Jérôme. Ils avont venu itou l'ânnée passée.

— Si les officiers de pêche les pognont à pêcher dans le Nôrd !

— Tu veux dire, son pére, si les pêcheux du Nôrd les pognont à pêcher chus eux et lever leux trappes.

Puis timidement le jeune homme ajoute :

— Apparence que dans le Sû, la mer est encore plusse vide qu'icitte. Ils avont rien à manger.

— Je crois ben, si i' baillont leu houmard aux tortues. C'est ben mauvais signe, ça.

De loin, Michel-Archange huche :

— Ohé ! répond le bateau du Nord.

— Y a-t-i' de quoi dans vos trappes ?

— Oui, ben y en a point pour deux.

Le bateau du Sud accoste celui du Nord.

— Ariez-vous une petite gobée d'eau fraîche? demande Michel-Archange. J'ons échappé notre cruche à l'eau.

Le jeune homme passe aussitôt une bouteille à son père qui l'offre à Michel-Archange.

— Avez-vous fait le voyage du Sû dans c'te doré-là?

— C'te doré-là a un engin, ça s'adoune, réplique Gapi, pis qu'a fait tout seul le voyage du Sû.

— Pas d'offense, je veux rien que vous avarti' de watcher les officiers, pis les pêcheux de houmard qu'aimeriont peut-être ben pas ouère des étrangers dans leux trappes.

— Je sons dans les trappes à parsoune, dit alors Michel-Archange. Je levons les trappes que j'avons nous-autres-mêmes jetées à l'eau le 9 de mai.

— Ben c'est point votre territouère icitte et le gouvarnement...

— Que le gouvarnement mange de la marde, regimbe Gapi. Et pis à part de ça, il a pus le temps de se badrer de nous autres, le gouvarnement, asteur qu'il a entrepris de déporter le monde d'une place à l'autre.

Et Michel-Archange:

— C'est pour ça que je venons pêcher dans le Nôrd; par rapport que je savons ben qu'une fois que les pêcheux aront bâsi à la ville, tout ce qu'y a dans la mer va se pardre, anyway.

— Ça fait que je loutons la part à parsoune, dit Gapi.

Alors le pêcheur du Nord, achevant de bourrer sa pipe, offre du tabac aux pêcheurs du Sud.

— Motché tabac, motché feuilles de thé, qu'il dit en riant; ça vous baillera des visions.

— Parlant de visions, risque le jeune homme, apparence que Jos à Jâcob, le charpentier, a vu un quêteux dans sa shop, l'autre jour, qui y arait dit des maniéres de chouses étranges, à ce qu'i' paraît.

— D'où c'est qu'i' devenait?

— Parsoune le sait, ben ça fait une couple de fois qu'il est aparçu dans le boute. I' contont que c'est un conteux de contes, dit le jeune pêcheur.

— Des contes asteur! s'exclame Gapi. Des tortues d'une demi-tonne, des vieilles femmes parties pour la famille, pis asteur des contes. Où c'est que le monde s'en va!

— Ben demandez ça à Joseph; apparence qu'il est encore pus boloxé que n'importe qui. Je sais point quoi c'est qu'i' y a arrivé, ou quoi c'est que le conteux y a dit, ben il en est resté tout jongleux, apparence, le Jos à Jâcob.

— M'a tout l'air de ressembler à notre Zacharie, votre Joseph, de dire Gapi.

— Ah! les temps sont ben boloxés, ajoute Michel-Archange. Ou ben j'allons toutes pèri', ou ben y va arriver de quoi.

— Y en arrive assez comme c'est là, de dire le pêcheur du Nord. Et si le gouvarnement change point sa maniére de faire ben vite, i' pourrait arriver des affaires avant longtemps qui pourriont peut-être ben changer le gouvarnement.

Alors Gapi arrache sa pipe de ses dents :

— J'ai encore jamais vu, moi, un gouvarnement aouère peur des pêcheux de morue ou même de houmard. Le Gouverneur Harold encore moins que les autres. Si vous voulez de quoi de c'te gars-là, brûlez point vos quais, brûlez sa maison.

Cette fois Harold n'attend pas que le délégué du Nord se présente chez lui; il le fait mander.

— Send me Isaïe Chiasson, qu'il dicte à l'intercom.

— Right away, Sir.

Et aussitôt entre Isaïe. Il n'est plus courbé, et son visage n'est plus contrit; mais il marche avec assurance jusqu'au bureau du gouverneur.

— Do you know, Mister Delegate, that I have the power to throw you in jail?

Ça, ni le Nord ni le Sud ne pouvaient l'accepter.

— Si i' se mettont asteur à jeter les pêcheux en prison, pis à leu faire des procès en anglais, je sais ben pas coument c'est que tout ça va finir, dit Don l'Orignal, assis sur sa souche.

Et la Sagouine, accroupie entre deux sillons :

— Les pêcheux du Nôrd avont point fini de s'intchéter. Accuser un houme dans une langue qui comprend pas, pi le garrocher en prison par rapport qu'il a trop parlé... c'est-i' ça qu'il appelont un pays juste ?

— Ya point de pays juste, par rapport qu'y a point de justice ici-bas, de conclure la Sainte en bêchant la terre. La justice est une vartue théologique. Et ça, ça appartchent à Djeu.

— Ben si ça appartchent à Djeu, d'ajouter malicieusement la Sagouine, c'est à Dieu, asteur, à venir mettre la paix icitte et à aouindre nos houmes des barreaux. Passe-moi ta tranche une petite escousse, la Sainte.

Et les deux femmes replongent la tête dans leurs sillons.

Le ciel avait beau se rehausser toujours un peu plus chaque jour, ce printemps-là, et le soleil se gonfler et pétiller de joie et de santé, les gens des côtes n'en restaient pas moins sombres et angoissés. La nature et les saisons ne suffisaient plus à les consoler ou à leur rendre leurs illusions.

Même Ânne, seule devant ses cartes, cherchait en vain à leur arracher un signe, un sept de carreau, ou un petit valet d'espoir.

— Des trois, pis des trois! quatre fois de suite que je retorne un trois dans le paquet. C'est à faire accrouère qu'y a plusse de trois dans mes cartes qu'un jeu de cartes est supposé en aouère. C'est ben curieux, ça, ben curieux. Et je me demande quoi c'est que ça peut voulouère dire...

Et redressant la tête soudain :

— Jamais je croirai que c'est l'Élisabeth asteur qui s'arait mis dans la tête de nous arriver avec une paire de trois bessons !

Pas Élisabeth, ben non, mais la Commission royale d'enquête qui s'amenait au pays des côtes. Ils étaient déjà en route, les anthropologues-sociologues-ethnologues, en route le long de la mer, s'arrêtant dans chaque village pour enquêter et compiler des notes.

Et en ce jour de la fin mai, ils sont au Nord, les trois savants, à causer avec les pêcheurs en grève. Tous les bateaux sont à l'abri au havre, silencieux. La saison du homard est à peine commencée, mais les pêcheurs ne bougent pas. Flânant sur les quais du brise-lames, ils n'arrivent pourtant pas à détourner leurs yeux du large où la mer est grosse.

Le doyen des savants, crayon levé, interroge un jeune pêcheur qui se balance les pieds au-dessus de l'eau.

— Vous pêchez; possédez-vous un bateau?

— Non, je pêche avec mon pére.

— Il y a longtemps?

— Depis que j'ai quinze ans. Et asteur, chus en âge de voter.

— Vingt-et-un ans, murmure le savant en notant dans son cahier. Depuis quand faites-vous la grève?

— Depis trois jours.

— Et pourquoi?

C'est le père qui se redresse à la place du jeune homme.

— Pourquoi je faisons la grève? En v'là une question!

Et le second commissaire l'encourage:

— Vous pouvez parler, vous savez; nous, nous sommes là pour découvrir vos problèmes et essayer de leur apporter une solution.

— Je sais ben que c'est point vous autres qui nous avez amanchés de même; ben c'est point vous autres non plus, sauf votre respect, qu'allez rien régler icitte. Par rapport qu'icitte, y a pus rien à régler.

— Vous croyez vraiment qu'il n'y a plus rien à faire, même avec l'aide du gouvernement central? demande le troisième savant avec un fort accent bilingue.

Et c'est une femme qui répond, une vieille sorcière édentée des côtes du Nord:

— Ce qui reste à faire, qu'elle dit, c'est point les houmes qui le feront, pas de diffarence coument riches ou coument savants qui seyont; ce qui reste à faire, c'est la part de Djeu.

La part de Dieu.

En tournant sa tasse dans ses mains, Élisabeth fouille entre les feuilles de thé.

— J'irai ouère la vieille Ânne, qu'elle dit. Je ouas parsoune d'autre qui pourrait me dire de quoi sus le sort de mon enfant.

Mârie scrute aussi les feuilles de sa tasse. Et Élisabeth continue:

— Les Zacharie avont été des pêcheux, des bûcheux, des farmiers, dans le temps; et sus l'empremier, avant la déportâtion, i' contiont que l'un d'entre zeux avait été capitaine sus un gros bâtiment. Je le dirai à Zacharie que pour aouère un autre capitaine dans sa lignée, ça valait peut-être la peine d'espèrer jusqu'à nos vieux jours.

Puis prenant la tasse des mains de sa cousine, Élisabeth lui dit:

— Toi t'es encore jeune, Mârie, t'arais encore le temps. Seurement je crois que c'est encore mieux de mettre un enfant au monde au temps que le monde en a le plusse besoin. Et Joseph itou allait ouère sa race s'éteindre. Asteur, au moins, Joseph pis Zacharie sont tous les deux assurés d'une génération de plusse. Tous les deux sont sartains de point aouère renié leu longue lignée d'aïeux qui s'avont baillé tant de trouble pour s'aouindre de l'exil avant de trépasser.

Et Mârie, timidement :

— Ben si ceux-citte étiont les darniers ?

Alors Élisabeth secoue sa tasse pour laisser partir les feuilles au vent.

— Quoi c'est que ça peut faire, qu'elle dit, d'arriver en darnier, si c'est zeux les capitaines !

CHAPITRE IV

QUELQUES jours plus tôt, la Pointe-à-Jérôme avait vu la vieille Ânne sortir avant l'aube de sa cabane et partir par les buttes, enveloppée dans son châle à franges. Tout le monde connaissait le châle, le long des côtes, et connaissait aussi le contenu de la petite valise noire qu'elle emportait avec elle, ces jours-là, la vieille Ânne, quand elle débauchait de bon matin.

Depuis toujours, Ânne était sage-femme à la Pointe-à-Jérôme, et à la Pointe-à-Jacquot, sa voisine, et au Lac-à-Mélasse, son compère, et à l'Étang-des-Michaud! Trois rivières au moins, sans compter ses embranchements et ses ruisseaux, encerclaient le territoire de la sage-femme Ânne; trois rivières, un pont couvert, quelques anses, des dunes, des buttereaux, et la Butte-du-Moulin qui était, à l'époque dont je vous parle, la maîtresse butte du pays.

— J'ai livré mes boisseaux de palourdes à la Butte-du-Moulin, disait Michel-Archange en élevant la voix plus qu'il n'était nécessaire.

Et les pêcheurs saluaient cette nouvelle avec un peu d'envie et beaucoup de respect.

Car la Butte-du-Moulin, en plus de son phare qui dominait les côtes, comptait aussi des clôtures de lices, des granges avec des silos, et deux vergers. Quant au moulin à scie, qui avait laissé son nom à la Butte, il était désaffecté depuis qu'avait cessé le commerce du bois avec l'étranger. Mais on refusait toujours de démanteler sa carcasse, comme si un jour...

— Un jour faudra qu'ils abattiont le moulin, avait dit déjà Don l'Orignal; par rapport qu'i' viendra pus de goèlettes au pays.

Mais goélettes ou pas, le moulin à lui seul rappelait une époque où les côtes avaient connu la prospérité et l'avaient connue autour de la principale butte du pays. Et les habitants de la Butte-du-Moulin continuaient d'imposer le respect le long de la mer.

Quand la Pointe-à-Jérôme avait vu la vieille Ânne partir dans son châle à franges vers la Butte-du-Moulin, quelques jours plus tôt, on avait tout de suite tiré les rideaux dans les fenêtres pour la laisser s'en aller en paix, Ânne, faire sa besogne de sage-femme. Car cette fois, les pointes, les buttes et les anses savaient que la besogne de la sage-femme...

— Un garçon! cria la Sainte à tout le pays; un garçon à Zacharie!

Et tout le pays fit: Ha!...

— Pis l'Élisabeth, de s'émoyer aussitôt la Sagouine, coument c'est qu'a' se porte, la pauvre vieille?

La pauvre vieille n'en portait plus à terre. Son garçon pesait dix livres et lui souriait quasiment déjà. Ou presque quasiment.

Tout cela était trop extraordinaire ; il fallait voir ça vraiment. Et ce jour de la fin juin, Don l'Orignal partit par la baie avec les siens, vers la Butte-du-Moulin.

Ils sont tous là, dans la chaloupe, les pêcheurs, les femmes, et Don l'Orignal à la proue. La charge est trop lourde pour le bateau de pêche qui avance péniblement d'une lame à l'autre en ballotant son monde sur les basses. Et le roulis fait chanter les rires qui fusent de partout.

« Roule et chante, ô vaste océan... »

C'est la Sagouine qui, sans l'avoir voulu, a accroché soudain des paroles aux airs et entraîné la chaloupe sur le vaste océan qui la berce... la berce sur son sein... Elle file sur l'onde amè...è... re et elle rit et elle chante, ô gai matelot !

Et Don l'Orignal, les yeux au large, soupire :

— Si seurement notre vie, je pouvions la vivre sus l'eau ! Ben faut ben qu'un houme accoste un jour.

— Ouais, reprend Gapi, et c'est à terre que le trouble commence, par rapport que c'est la terre qu'est mal faite.

La Sagouine s'arrête aussitôt de chanter.

— La terre est point mal faite, qu'elle dit ;
elle est seurement trop petite, et des fois trop
cobie d'un bôrd.

— Ouais, trop cobie d'un bôrd, ajoute
Gapi, et ça, c'est de notre bôrd. C'est tout le
temps les mêmes qu'attrapont toutes les bosses
et tous les trous.

Mais la Sagouine, avec sa tête qui acquiesce,
a pourtant de l'interrogation dans les yeux.

...Pourquoi c'est ouère, asseurement, que
ça serait-i' tout le temps les mêmes, tout le temps
les mêmes qu'attraperiont tous les coups ? Ça
serait-i' ben parce que c'est ceuses-là que le Bon
Djeu arait asteur tout le temps sous les yeux ?

Don l'Orignal hoche la tête. Et la Sagouine,
en redressant le corps, jette au front de Gapi :

— C'est peut-être itou ceuses-là qu'attrape-
ront le pain béni le jour qu'ils allont se
décider à le garrocher par en bas.

Zacharie, de son perron de la Butte, voit
débarquer la Pointe-à-Jérôme au quai du moulin. Il en prévient par signes Élisabeth qui vient
au-devant de la visite.

Les femmes se dirigent tout de suite vers le
berceau ; tandis que les hommes, en mâchonnant
du tabac ou en s'essuyant exagérément les pieds,
ne savent plus comment aborder ce grand muet,
là, dans le coin, qui refuse de les reconnaître.

— Ben, Zacharie, tranche soudain Michel-

Archange, coument c'est que j'allons appeler ton garçon ?

Toutes les têtes se redressent. Voyons ! Ben voyons asteur ! D'abord Michel-Archange a parlé ben trop fort, et ç'a sonné faux. Puis c'te question itou !

— Coument c'est que tu veux qu'i' l'appeliont, Michel-Archange ? de s'imposer aussitôt la Sainte. Les Zacharie avont-i' point porté le même nom de pére en fi' depuis qu'ils avont débarqué au pays ?

— Eh oui, d'ajouter Don l'Orignal, c'est un Zacharie qu'a grimpé le premier la Butte ; c'est un Zacharie qu'a planté icitte les pitchets de sa cabane ; pis c'est un Zacharie qui y a bâti sa famille. Asteur, quittez un Zacharie ertransmettre à son tour le nom de ses aïeux à sa descendance.

Et tout le monde de répéter :

— Ben oui : Zacharie ; faut le noumer Zacharie.

— Non, il s'appellera Jean, d'intervenir Élisabeth.

Et toutes les têtes se retournent, interdites.

...Comment c'est asteur qu'on peut-i' aouère des idées pareilles ! Jean, asteur !

— Ben y a point un seul Jean dans toute la parenté, asseurement, de s'opposer Michel-Archange.

En effet, Jean est un nom inconnu des Zacharie, ça tient pas deboute.

...Tut, tut, tut.

Mais la Sagouine est soucieuse:

— Y a-t-i' pas eu, dans le temps, un Jean à François à Lazarre qu'a resté à la Butte-du-Moulin?

— Ah! ben voyons, ça c'est du temps de mon grand-pére, s'interpose Gapi; et pis, c'était même pas à la Butte-du-Moulin, c'était au Lac-à-Mélasse.

— Ben non, y a point de Jean par icitte, faut qu'i' le noumiont Zacharie.

— C'est sartain, Zacharie, coume son pére.

Mais son père, tout muet qu'il était, n'en suivait pas moins la chicane par en-dessous et en ayant l'air absent.

— C'est à lui à décider, dit alors Don l'Orignal, c'est au pére à noumer son garçon.

Élisabeth se redresse et veut répliquer aux hommes; mais la Sainte est plus rapide et plante son bec dans l'oreille du vieux:

— Zacharie! qu'elle crie, quel nom que vous voulez bailler à votre garçon?

— Ben huche pas si fort, il est point sourd, lui dit la Sagouine.

Et s'approchant de Zacharie, elle articule sous son nez:

— Quel nom, dit-elle, quel nom à l'en-fant?

Alors Zacharie, prenant le bout de papier que lui offre Élisabeth, écrit à la braise de charbon: JEAN.

Ce soir-là, revenus à leurs cabanes, les gens de la Pointe-à-Jérôme n'en finissent plus de commenter les événements de la Butte-du-Moulin. Et bivouaquant autour d'un seau de coques que les femmes avaient pêchées au retour, ils se demandent, l'un après l'autre, d'où a pu venir cette soudaine fantaisie qui s'était emparée des Zacharie ce jour-là.

— Jean, répète Don l'Orignal, Jean, asteur! Si asseurement c'était Jean-Christophe ou Jean-Baptiste...

— Et le Zacharie après ça qui s'en va ertrouver la parole, qu'ajoute la Sagouine.

Et Michel-Archange:

— Pour un houme qu'a point dit un mot depuis la fonte des neiges, me r'semble qu'il est devenu ben parlant à la saison de la morue.

— Ouais, ben parlant, de renchérir Gapi. C'était «mon garçon» par icitte, pis «mon garçon» par là, comme si il assayait de nous faire accrouère qu'il était le premier pére de famille à aouère un garçon.

— Ou ben coume si son garçon à lui...

Mais la vieille Ânne ne laisse pas Michel-Archange poursuivre son idée.

— Il est peut-être ben pas le premier houme des côtes à aouère un garçon, qu'elle dit, ben il est le premier que je counaisse à l'aouère eu sus les vieux jours de sa femme. M'est avis que c'te garçon-là…

— Je crois que je serions mieux de faire nos priéres, de dire la Sainte en se jetant à genoux.

Et Ânne, la tireuse de cartes, en contemplant la Voie lactée :

— Ouais, le ciel a beau être clair, et la poussiniére travorser le firmament de bôrd en bôrd, y a de quoi dans le temps qu'est point coume d'accoutume… ouais, point coume d'ac· coutume.

Siméon reste seul, debout, et il chante. Il chante sa complainte du marin qui ne revient pas.

> *Je m'ai mis capitaine sur l'eau*
> *Je conduisis mon équipage,*
> *Je commandais mes matelots*
> *Dessus la mer dans mon vaisseau.*

Don L'Orignal lève la tête vers l'est et plisse les yeux :

— Je sais ben pas quand c'est qu'i' reviendra au pays, le Sullivan, je sais ben pas.

Elle est là, au bord de l'eau, plantée dans le foin salé, la cabane à Sullivan.

— La cabane à Sullivan était pas plusse cabane que les autres cabanes du pays, quand c'est asteur que Sullivan y vivait.

C'est la Sagouine qui a dit ça et les autres la regardent.

— Quand c'est que le Sullivan y vivait, oui. Ben c'est un marin, le Sullivan, un navigueux, comme ça s'appelle le long des côtes.

— Passé trois ans qu'il est point revenu au pays, le navigueux de Sullivan, geint Gapi sur un ton qui laisse bien entendre que c'est pas juste, ça, pas juste.

Mais Don l'Orignal n'est pas de l'avis de Gapi là-dessus.

— Un houme a droit à sa vie, qu'il dit, et à sa destinée. Pis c'est la destinée d'un navigueux de bâsir un bon matin, à la barre du jour, pis de quitter par les mers du sû ou les détroits du nôrd, y qu'ri' le paradis que ses aïeux y avont pardu tcheque part entre deux lames, au large du large.

— Heh ! fait Gapi pour toute réponse.

Puis il se ravise, parce qu'il sait bien que son «heh!» n'a convaincu personne. Ça fait qu'il ajoute, en articulant de toutes ses dents :

— El paradis, ça existe pas !

La Sagouine, la Sainte et les autres en calouettent à s'en engorger les paupières. Des discours pareils dans la bouche d'un enfant de Dieu ! Et pour ne pas attirer le malheur, chacun se détourne de Gapi et contemple au loin la cabane à Sullivan, toute grande ouverte aux vents salés du large.

— I' fera point chaud là-dedans l'hiver qui vient, dit Michel-Archange. Si Sullivan ervient pas ben vite, ça ira au printemps prochain, asteur. Et d'icitte à c'temps-là, a' peut point sarvir à d'autre chouse qu'à y abriter les chiens pis les borbis perdus, la cabane à Sullivan.

Et tous acquiescent, sauf la vieille Ânne qui s'approche le menton du nez pour dire :

— Une parsoune peut-i' saouère !

CHAPITRE V

UN ÉTÉ a passé, le long des côtes, puis un automne; et les gens du pays ne pouvaient rien empêcher. D'ailleurs, qu'y avait-il à empêcher? On n'arrête pas les marées ni le noroît. On ne détourne pas les outardes. On ne ravale pas sa honte, non plus, ni sa colère, quand elles sont à point. Non, personne ne pouvait plus rien là-bas pour empêcher les feuilles de tomber et les gelées de figer la sève à la racine des bouleaux.

Ânne l'avait prédit que l'hiver serait très dur.

Pourtant, chacun faisait de son mieux. On avait continué de lever les trappes jusqu'en septembre; on avait scié le bois pour l'hiver; on chassait le canard d'eau et la perdrix, et même le Gouverneur Harold...

Il se lève et dit :

— Entrez.

La porte s'ouvre aussitôt et trois hommes, l'un après l'autre, s'approchent du gouverneur avec de grands égards.

Harold fait signe aux trois commissaires de s'asseoir.

Puis poussant vers eux une boîte de cigares, Harold scrute les trois figures qui le remercient mais ne bougent pas. Seul le cadet de la capitale a eu un instant d'hésitation, mais s'est ravisé.

— Le tabac est mauvais pour les bronches, sourit le gouverneur, mais il éclaircit l'esprit.

Les savants plissent les yeux, mais ne répondent pas.

Alors le gouverneur se croise les doigts et fait rouler sa chaise de droite à gauche.

— Sociology is a great science, commence-t-il à débiter.

Mais le doyen de la sociologie l'interrompt aussitôt :

— Nous formons une Commission d'études, Excellence. Et notre mandat est d'enquêter sur les conditions socio-politico-économiques du petit peuple qui habite le long des côtes...

— Mon peuple ! coupe Harold. Je gouverne ces côtes depuis qu'on pêche ici le homard et les huîtres ; depuis qu'on a fourni à chaque village ses écoles, ses routes, his own break-water...

— On y a brûlé un quai, récemment, nous a-t-on dit dans le Nord...

— Et les pêcheurs auraient boycotté la pêche au homard cette saison, apparemment...

— Et on nous informe que bientôt chaque famille des villages côtiers...

Harold frappe sur sa table et s'écrie :

— Each family for its own good and for the country's survival will move to town, to a better life, where the state will provide everyone with work and welfare. Have you been informed of that too, Messieurs ?

Le gouverneur s'éponge le front; mais ses trois hôtes ne bougent pas. Seul le deuxième Commissaire a l'air de contenir un léger sourire qui s'esquisse au coin de ses yeux. Alors Harold avale un flot de salive qui englue sa gorge; puis se sentant mieux :

— Vous faites votre métier, Messieurs, dit-il doucement. A Royal Commission must enquire... freely. If we can be of any help...

L'un des Commissaires s'enhardit :

— Le procès du dénommé Isaïe Chiasson, délégué des pêcheurs du Nord...

Les pêcheurs du Nord piétinent dans la neige pour se réchauffer les pieds, groupés autour des hangars de poissons. L'hiver est venu plus tôt que d'habitude et ça les a surpris. Les visages sont durs comme la terre qui a commencé à geler juste avant la première tombée. Et l'un d'eux crie soudain :

— Si j'arrachons point Isaïe de là, ça sert à rien de crouère que j'allons nous en sortir, nous autres.

Mais les autres ne répondent pas à ce cri désespéré. On a trop perdu depuis un an, depuis une génération ou un siècle que ça dure, pour risquer une chemise de plus.

— I' me reste une paire de chaussettes et un caneçon, ricane un jeune pêcheur. Je peux ben les mettre en gage pour Zaïe si ça peut le sauver.

— C'est point nos caneçons qui sauveront ni Zaïe ni aucun pêcheux du Nôrd. I' nous reste pus rien que nos poings à risquer, asteur.

— Mes poings itou j'en ai besoin; j'en ai besoin pour fendre la goule à c'ti-là qui va s'en venir m'arracher de ma maison avec ma femme pis mes enfants.

— Tu te les casseras sus leur goules de roche, tes poings, et tu seras pas plus avancé, dit un vieux appuyé sur une bouée. À ta place, je me les enfoncerais dans les poches, les poings, et je les grouillerais pus de là.

— Ben j'en connais, moi, qui te grouilleront malgré toi, le vieux, et qui te mouveront dans les shops en ville, coume les autres.

— Non, pas c'ti'-là, Polyte, énarve-toi pas. Les vieux, i' les quitteront icitte. C'est nous autres qu'ils allont déporter, par rapport qu'i' laisseront rien pour la graine.

Mais de sa bouée, le vieillard reprend:

— La graine est peut-être ben pus vivace que tu crois, jeune homme. Et j'en counais, sans les noumer, qui serions encore capables de toutes nous surprendre.

Tous les hommes sourient et se tournent vers la maison de Joseph, au bout du quai.

Alors un pêcheur empoigne une ancre fixée dans la glace, l'arrache et la garroche dix pieds plus loin.

— Asteur qu'i' veniont toutes nous qu'ri'! Quand c'est qu'un vieux a pus le droit de laisser une descendance à son pays avant de mouri' sans risquer de pardre son logis et de se faire déporter, aussi ben farmer la barriére du monde et pis arrêter la terre de virer pour nous quitter débarquer.

Les hommes regardent toujours la maison de Joseph, mais leur sourire a caillé.

Mârie et la vieille Sarah, sa voisine, avancent péniblement sous la rafale. La neige leur fouette la figure et Mârie s'efforce de couper le vent autour de la tête de Sarah. Elles causent par bribes, entre les bouffées de neige.

— T'as piqué une couvarte pour les Zéphir, que j'ai entendu dire, Mârie; pis une pour sus Édouard à Maxime!

— La femme à Laurier va bétôt aouère son neuvième, ajoute Mârie. La vie sera malaisée pour zeux.

— C'est point ce que je pourrions appeler l'Eté des Sauvages, dit la vieille en reprenant son souffle.

Et les deux, entrant dans la maison de Joseph, rient en brossant la neige qui refroidit l'air de la cuisine.

— Les Sauvages, c'te ânnée, avont passé tout droite, dit Mârie.

Alors la vieille, en regardant la jeune femme d'un oeil malicieux:

— Passé tout droite, tu dis ? Ça m'a tout
l'air à moi qu'en passant, ils avont quand même
eu le temps de laisser queque chouse dans la
maison à Joseph, qu'elle fait, la vieille.

Et Mârie, en caressant son ventre, regarde
la vieille Sarah comme si elle la voyait pour la
première fois.

Les deux femmes rangent leurs manteaux et
leurs bottes et tirent les chaises. Puis fixant une
couverture au chevalet, elles s'asseoient l'une en
face de l'autre et se mettent à piquer des dessins
à l'aiguille.

...Oui, les Sauvages ont passé encore un
coup à Maisonnette. Plusieurs fois, cette année.
Et leur dernière randonnée, ce fut pour Mârie.
La vieille sourit, cause et fait jouer l'aiguille avec
des doigts de sorcière habituée à ce métier-là.
Soixante ans, pensez ouère ! soixante ans qu'elle
en a crocheté des tapis, et piqué des couvertures ! Ses doigts sont rendus qu'ils n'ont plus
besoin d'elle ; ils se dirigent tout seuls des fils
au coton, d'un petit trou à l'autre, entre les
lignes du dessin. Durant soixante ans, elle a vu
tant de familles se crocheter, puis s'éteindre
comme une couverture usée. Les Sauvages ont
passé tant de fois le long des côtes.

— Te faut ben te nourrir, Mârie ; faut point
oublier que tu manges pour deux.

Et quittant un instant le chevalet, elle va
soulever le couvercle du chaudron sur le feu.

— I' vous reste-t-i' des fayots de l'autoune ? qu'elle demande à Mârie, la vieille.

Mârie cette fois ne la regarde pas, mais elle dit :

— Quand j'ai su que sus Édouard à Maxime deviont quitter ben vite...

— Oui, dit Sarah, mais Édouard à Maxime, lui, i' va se trouver de l'ouvrage à la ville ; tandis que Joseph, ton houme, si i' reste par icitte... quand c'est que tous les pêcheux aront bâsi, un charpentcher de bâtiments restera avec rien.

— Un charpentcher pouvait rester par icitte aussi longtemps qu'il avait point de famille, ben asteur...

— ...Veux-tu dire, Mârie...?

Mais la vieille ne peut achever sa phrase. Elle détourne la tête et ses yeux se mettent à briller d'une étrange façon sous ses larmes.

— Les Sauvages, qu'elle dit, c'est point ceuses-là qu'on pense.

Alors Mârie se lève d'un geste et serre les épaules de sa voisine dans ses bras.

— Le monde est pas ben grand, Sarah, qu'elle dit. Ça fait point de diffarence où c'est que j'allons, je serons tout le temps juste au ras, juste au ras du pays.

Mais la vieille ne retient pas ses sanglots et Mârie lui berce la tête collée à son ventre.

Les trois savants se lèvent et Harold leur serre la main.

— Non, as I was saying, Messieurs, allez plutôt dans les terres. Le vrai peuple est là. Les côtes, c'est trop changeant; c'est la faute de la mer qui les ronge. Et puis, let us keep in touch. Comme gouverneur, je suis très intéressé à tout ce qui peut améliorer la vie de mes gens. Good luck and... Dieu vous garde!

La Commission royale s'incline et le gouverneur fige un sourire qui accompagne les trois savants jusqu'à la porte.

— Goddam! qu'il dit.

La Sagouine et la Sainte s'en viennent sur la baie, marchant tout droit vers les petites cabanes à éperlans que les pêcheurs plantent chaque hiver sur la glace. Le soleil est bas déjà, après quatre heures.

— Sors point des pistes, la Sagouine; la baie est pas encore gelée de bôrd en bôrd.

— Une baie qui peut porter une cabane à épelans doit pouère me porter, moi itou.

Et les deux femmes continuent d'avancer sur la glace.

— Si c'était point le soleil couchant, je dirais que c'est des marionnettes qui dansont dans le ciel, dit la Sagouine.

Aussitôt la Sainte lui agrippe le bras et crie:

— Taise-toi, grand folle! si tu veux point me chavirer les boyaux.

— Ben voyons, la Sainte, les marionnettes avont jamais mangé parsoune.

— Jamais mangé, non, ben ils en avont cha-
viré plusieurs.

— Des discours d'hérétiques encore.

Mais ça, la Sainte ne le prend pas.

— Moi, un hérétique asteur? Je vas t'en
faire, des hérétiques! Je fais mes dévotions pis
mon arligion tous les jours, moi, pis je manque
point aux coumandements, ni aux oeuvres de
misaricorde spirituelles et corporelles.

— Hé! la Sainte, tu sors des pistes. Si la
baie est point gelée de bôrd en bôrd...

— Ah! c'telle-là!

Et les deux femmes avancent toujours sur la
glace.

Un peu plus loin, dans les cabanes, les pêcheurs d'éperlans les voient venir et commencent
à frétiller. Michel-Archange colle alors la tête au
petit carreau du châssis:

— La meilleure heure du jour pour un pêcheux, qu'il dit, c'est c'telle-citte: quand c'est
que tu ouas approcher les femmes sus la baie
qui s'en venont t'apporter à manger.

— Des femmes pis du manger, dit Noume.
I' reste-t-i' d'autres chouse à un pêcheux en dehors de ses épelans?

— Un étouèle! crie Citrouille.

— Quoi c'est qu'i' ramâche là? Un étouèle?

— I' nous reste les étouèles asteur?

— Ben les étouèles, ça se mange point,
Citrouille, d'ajouter Gapi.

Mais Citrouille ne les écoute plus. Il est sorti de sa cabane et regarde l'étoile, une étoile immense qui brille à la place de la lune.

La Sainte et la Sagouine se joignent aux hommes qui contemplent tous le ciel, fascinés.

— Quoi c'est qui se passe, demande la Sainte, déjà à genoux avant de comprendre.

— I' passe de quoi dans le ciel, ç'a tout l'air; pis ça, d'accoutume, ça veut dire qu'i' passe de quoi sus la terre, d'énoncer Michel-Archange.

Mais Gapi n'est pas prêt, lui, à raccrocher si vite le ciel à la terre, et il dit:

— C'est une comète, les gars, une comète coume il en passe une à tous les vingt ans. Ça c'est rien qu'un étouèle qui s'a décrochée des autres et qui fait son chemin tout seule dans le firmament. Pas besoin de la regarder à genoux, la Sainte.

Mais la Sagouine n'aime pas l'incroyance de son homme; et elle lui dit:

— Queque chouse qui fait son chemin tout seul dans le ciel, à part des autres, et pis qui passe rien qu'à tous les vingt ans, une parsoune peut ben le regarder à genoux parce qu'une parsoune peut ben pas saouère quoi c'est que ça annonce.

Et elle s'agenouille à son tour, à côté de la Sainte, pendant que l'un après l'autre, les pêcheurs enlèvent leurs tuques de laine devant la comète.

Dans le haut des terres, entre les collines et les buttereaux, un traîneau emporte la Commission royale qui poursuit inlassablement son enquête depuis des mois. Le Gouverneur Harold a proposé aux savants anthropologues de s'éloigner des côtes et de visiter le peuple paysan et bûcheron, plus vrai à son dire. Plus humble, surtout, et plus soumis.

Et les trois savants se laissent glisser sur la neige nouvelle et non battue.

— Le ciel est plus clair que d'habitude ce soir, dit l'un.

— Et l'air est plus pur, dit l'autre.

Puis le troisième :

— J'ai comme une impression...

Soudain le cocher tire sur les cordeaux et le cheval s'arrête. Et en même temps toutes les têtes se lèvent et regardent cette étoile nouvelle, immense, brillante, plantée en plein milieu du firmament.

— Une comète ! s'écrient à l'unisson les trois commissaires de la Commission royale d'enquête.

Dans la maison de Joseph, au loin, une petite lampe éclaire la table que dessert Mârie, pendant que son homme, à côté, bourre sa pipe.

Puis Mârie s'approche de la pompe avec un seau. Alors Joseph s'empresse de lui prendre le seau des mains :

— Quitte-moi faire, Mârie ; un siau plein, c'est pesant. J'ai beau pus être aussi jeune que dans le temps...

Et il pompe, Joseph, de grands jets d'eau claire qui remplit le seau.

— Zaïe Chiasson conte qu'un houme de mon âge arait droit à rester dans le Nôrd, même avec un enfant. Par rapport à mon métier, qu'i' dit, Zaïe.

— ...?

— Coume chus le seul constructeux de bâtiments à Maisonnette...

— ...Oui, ben le jour que tous les pêcheux aront bâsi, qui c'est qui te commandera un bâtiment de pêche ?

— Si les genses des villes voulont encore manger du poisson, faudra ben qui quittiont queques pêcheux sus les côtes, énonce le charpentier.

— J'irai avec toi, Joseph, dit Mârie ; j'irai avec toi sus le gouverneur. C'est pas sûr qu'i' comprendra, ben ça c'est point une raison pour pas faire ce que j'avons à faire.

— Coume t'es là, Mârie ? Et si une tempête nous pornait en chemin...

— Regarde le clair d'étouèle, qu'elle fait pour toute réponse. C'est point un mois de décembre coume d'accoutume.

Ânne, sur les côtes de la Pointe-à-Jérôme, contemple elle aussi la comète.

— Non, ça sera point un mois de décembre coume les autres, qu'elle dit.

CHAPITRE VI

LA VILLE s'époussette, se prélasse, s'épi-
varde, devant la campagne bien gréée déjà
comme une mariée: c'est qui arrivera première aux Fêtes qui commencent cette nuit-là.
Les cloches se mettent à jouer des airs; des
petits sapins partout s'illuminent, et les convives
arrivent à la fournée chez le gouverneur. Tout
se passera encore cette année comme depuis
toujours.

Une petite neige fine commence à virevolter
en cachette, mine de rien.

Sur la route du Nord, Joseph et Mârie
marchent sur l'accotement, levant le pouce à
chaque voiture. Mais les voitures se hâtent de
rentrer avant la neige et avant les Fêtes. Et
Joseph et Mârie continuent. Une voiture ralentit, examine le couple, mais repart en vitesse...
on ne sait jamais: toutes sortes de gens ces
temps-ci sont sur les routes, faut juger personne
à sa mine, et pas trop se fier au monde. Une
autre voiture file, puis une familiale. Et tiens!
une camionnette freine. L'arrière est déjà
chargé; il ne reste que le siège d'en avant. Si
le couple veut bien se tasser, ça sera comme ça

sera, pas très confortable. Et la camionnette dé-
marre, emportant Joseph et Mârie vers le sud.

Les trois savants s'arrêtent, perplexes.

— Il nous a pourtant dit de nous diriger
vers Saint-Fabien, le gouverneur! dit le premier.

— J'ai la nette impression, dit l'autre, qu'il
cherche délibérément, à nous éloigner des côtes.

Et le troisième:

— Au train où nous allons là, nous risquons
fort de passer les Fêtes dans les roulis de neige
de l'arrière-pays.

— Mais où donc se cache son Saint-Fabien?
s'impatiente le doyen. Serions-nous par hasard
perdus?

Et l'autre, indiquant un vieillard assis sur
une clôture:

— Demandons à celui-là.

Sur la route des côtes du Sud, Joseph et
Mârie sont assis à côté du chauffeur du petit
camion qui transporte un beau sapin dans la
boîte.

— C'est pour les enfants, qu'il dit. J'en ai
trois.

Il regarde Mârie qui serre son ventre et il
ralentit sur les cahots.

— C'est pas des ben bons chemins. Le gouvarnement, apparence, a trop de trouble sus les

bras ces temps-citte pour se bodrer des chemins. I' contont que ça va pas trop ben dans le Nôrd. Seriez-vous du monde de par là, par adounance?

— Oui, répond Joseph, j'ai une shop de charpenterie à Maisonnette. Je bâtis des bâtiments.

— Ah, oui! vous bâtissez des bâtiments. Eh ben, j'ai été pêcheux moi itou... Ouais, coume mes aïeux... Pis là, me v'là rendu peddleux de fil pis d'indjenne à la varge. Un bon jour, i' nous avont dit que la mer pouvait pus nous nourri' pis qu'y avait de l'ouvrage en masse à la ville, dans les shops... C'est malaisé pour un pêcheux de pére en fi' de s'en aller coume ça un lundi matin se prendre une job dans une factorie de moulins à coudre. Vous compornez, quand c'est qu'un houme a été accoutumé toute sa vie à lire la mer et à naviguer au large, s'en aller avec des mains salées asteur asseyer d'ajuster les aiguilles d'un moulin à coudre.

Et le petit peddleux, renfrogné, ajoute:

— Et aujord'hui, je peddle du fil pis des coupons d'indjenne.

Mârie de nouveau serre son ventre dans ses bras. Le peddleux freine doucement et arrête son petit camion.

— La v'là, notre ville, qu'il dit. Et c'est là qu'i' reste, le gouverneur Harold. Si j'ai un conseil à vous donner, retarzez pas trop à vous trouver un logis, le temps se chagrine.

— Merci, dit Joseph.

Un serviteur s'approche du gouverneur et lui parle presque à l'oreille.

— Goddam! hurle Harold, what next?

La porte entrouverte laisse filtrer la fête derrière lui.

— O.K. qu'il dit, let them in.

Et la fête continue à beugler derrière la porte.

Dehors la neige tombe de plus en plus dru. Et la foule s'empresse et s'affaire dans les rues.

Harold est seul en face de Joseph et Mârie et continue l'exposé de ses arguments économiques et sociologiques.

— L'avenir des familles est ici, you know. Des bateaux, ça se fait dans les usines these days. Much cheaper. Less artisanal.

Et regardant Mârie:

— Your wife is very young, dit-il à Joseph. Think of your futur kids.

Joseph le regarde sans répondre.

Alors Harold s'adresse à Mârie.

— Votre enfant, vous voulez pas lui préparer un bel avenir en ville? Tout est possible ici: commerce, arts, politics... Wouldn't you like to see some day your son in politics? See him lead people?

Mârie à son tour lève les yeux sur Harold et ne répond pas.

Alors le gouverneur bicle et fronce les sourcils. Puis indiquant la porte d'un geste de main, il donne au couple un dernier avertissement:

— It's dangerous to fight against law and order. Your kid some day... Les fils des pères qui ont mangé des pommes vertes pourraient en avoir mal au ventre.

Et il les congédie.

Sur la baie, les pêcheurs pêchent l'éperlan. La neige tombe toujours et les hommes restent cantonnés dans les cabanes.

— As-tu une petite affaire de tabac, Gapi? lui demande Michel-Archange.

Gapi grogne mais n'en sort pas moins sa blague de sa poche de fesse.

— Hé, Michel-Archange, j'allons-t-i' reouère la comète c'te nuit? fait Noume.

— Si tu veux mon idée, elle a bâsi pour de bon, la comète.

Il dit ça, Michel-Archange, tout en s'approchant de la fenêtre pour scruter le ciel, en cas... Puis, soudain:

— Sacordjé! quoi c'est que les épelans avont à fortiller de souère? On dirait que la mer a des coliques et pis garroche tout son poisson sus nos lignes.

— J'allons peut-être ben encore ouère ersoudre une tortue, avertit Citrouille.

— Ah! ben la godêche, c'telle-là, qu'a' pornit ben garde de s'en venir brouiller la mer encore un coup.

— Qu'a' pornit ben garde, ajoute Gapi.

Et les hommes retournent à leurs lignes.

Gapi est jongleur dans son coin. Il regarde mordre le poisson et ne bouge pas. Sa ligne tremble, gigote et s'affole, et Gapi la laisse s'affoler. Il est très loin du poisson, ce soir-là... Quoi c'est que ça veut dire tout ça ? Des tortues géantes dans la mer, des signes dans le ciel, et le Zacharie, son compère Zacharie asteur, qu'a engendré sus ses vieux jours. Les temps ont jamais été si malaisés et boloxés. Et pourtant, y a des choses dans l'air et dans le temps, comme si le monde avait l'intention de se refaire, par en-dedans. La vie est grosse comme une femme à la veille d'aouère son petit, qu'il jongle, Gapi.

Et il sourit tout seul à cette bizarre pensée qui lui est venue.

— Ça serait-i' ben que j'allons ouère ervenir les géants ?

— Quoi c'est qu'i' dit là, le Gapi ?

Mais Gapi ne reprend pas son discours pour les pêcheurs d'éperlans. C'est un solitaire, l'homme de la Sagouine, un taciturne qui ne répète jamais les mêmes paroles deux fois. Tant pis pour ceux qui ont les oreilles ensablées.

Joseph et Mârie sortent d'une petite auberge de campagne.

— C'est doumage qu'y avait point de place

dans c'telle-là, dit Joseph. C'arait point été trop cher.

C'est à ce moment-là que Mârie regarde Joseph avec de grands yeux effrayés.

— Je crains que j'irai pas loin, qu'elle dit.

Aussitôt Joseph fait le tour de l'horizon et aperçoit au loin une enseigne lumineuse : motel.

— Peux-tu te rendre jusque-là ? qu'il demande à Mârie.

Et les deux marchent vers le motel.

— Complet ! crie le gros homme derrière la caisse.

Et le couple se remet en marche.

Soudain Mârie s'arrête et regarde de nou-veau son homme.

— Je crains qu'il faudra s'arrêter ben vite, qu'elle fait.

— Oui, dit Joseph, assis-toi un petit bout de temps sus c'te souche. Je m'en vas aller cogner n'importe où. Y ara ben tchequ'un tcheque part qui nous ouvrira.

Et Joseph, ayant installé Mârie au pied de la souche, part seul en quête d'un gite, en se parlant à lui-même :

— Si seurement ç'avait pu arriver un autre nuit que c'telle-citte.

À ce moment-là il aperçoit au loin une petite cabane à la côte.

— Une cabane de pêcheux, qu'il dit. Et a' m'a tout l'air d'être abandounée.

Et rebroussant chemin, il revient aussitôt vers Mârie.

— J'ai trouvé un logis, qu'il dit, où c'est que je dérangerons point parsoune. Viens vite.

Et ils se dirigent tous les deux vers la cabane abandonnée.

La Sagouine sort de chez elle avec un fanal, un seau et un balai, et elle marche résolument vers la côte. La Sainte l'aperçoit et lui crie de son perron :

— Où c'est que tu t'en vas forbir de même, la Sagouine ?

— Je m'en vas forbir une petite affaire les cabanes abandounées à la côte, qu'elle fait, la Sagouine.

Mais la Sainte renifle et la regarde de travers. Les cabanes abandounées, asteur ! Coume si y avait point assez de netteyer chacun sa chacuniére sans gaspiller l'huile de ses bras à forbir les places abandounées.

— Quoi c'est qu'i' te prend, la Sagouine ?

Il lui prend que la tempête s'annonce et qu'on ne sait jamais. Il arrive comme ça qu'au temps des Fêtes, des voyageurs perdus s'arrêtent dans des cabanes abandonnées y prendre abri.

— Je vas mettre de l'ordre dans la cabane à Sullivan, qu'elle répond à la Sainte, la Sagouine. Par rapport qu'une parsoune peut pas saouère quand c'est qu'i' se décidera à rentrer au pays, le navigueux.

— Sullivan! que regimbe la Sainte, en v'là un qu'a épousé les mers du sû. J'ai pour mon dire, moi, que sa cabane sarvira pus à y loger d'autre chouse que les veaux pis les cochons, après ce temps-citte.

— Ou ben le Juif Errant, d'ajouter la Sagouine en continuant sa route vers la cabane abandonnée.

...Si jamais Sullivan se décidait à revenir passer les Fêtes... ou ben un naufragé pardu... faudrait qu'i' trouve une cabane propre, ave son poêle plein de hâriottes prêtes à chauffer. En des pareils temps, faut se tchendre paré.

En se disant ça, elle aperçoit un filet de fumée monter de la cabane à Sullivan.

— Mon doux séminte! qu'elle dit. Il est revenu, le petit verrat.

Et plantant ses galoches dans la neige, elle fonce sur la cabane de la côte.

...C'est là, par la fenêtre, qu'elle voit le couple Mârie-Joseph, installé dans le logis de Sullivan. Elle en a le souffle coupé, la Sagouine. Car la scène qu'elle a sous les yeux, il lui semble l'avoir aperçue déjà sur des images... ou dans des vitrines de magasins... elle ne sait plus où... peut-être en rêve seulement. Elle ne sait plus ce que tout cela veut dire, mais elle a comme une impression tout à coup que ça veut dire quelque chose. Puis cette impression s'évapore, comme une extase tarie, et la Sagouine reste seule, le front collé à la vitre, devant le tableau

tout simple d'un couple de voyageurs perdus en
train de se réchauffer dans une cabane abandonnée.

Et reprenant ses sens et sa respiration, la
fourbisseuse repart en vitesse prévenir Don
l'Orignal et les autres.

Elle frappe à chaque porte, la Sagouine,
huchant aux siens de s'aouindre de leurs trous
et de venir ouère ce qui se passe là, dans la
cabane à Sullivan.

— Y a un jeune ménage d'installé là, qu'elle
s'époumone, et qui va y passer la nuit. Par des
pareils temps, à la fin de décembre...

— I' pourriont pèri', de couper Don l'Orignal.

— Ben quoi c'est que l'idée de s'aventurer à
l'étrange en plein hiver itou ! de regimber la
Sainte. Faut ben que du monde ait pas grand
alément.

— C'est-i' tchequ'un qu'on counaît ?

— La Cruche, emporte une couverte et de
quoi leu faire une cope de thé.

Et la Sagouine organise un sauvetage en rè-
gle pour rescaper le couple échoué là par hasard, dans la cabane au bord de l'eau.

— Ben non, la Sainte, qu'elle fait, sors
point les chandelles pis les saintes huiles ; c'est
point une visite aux agonisants.

Mais la Sainte n'est pas de bonne humeur.

— Fallit que ça nous arrivit c'te nuit, ça,
en plein temps des Fêtes.

— Ben c'est fête pour zeux itou, la Sainte, faut leur offrir un petit morceau du ouasin et une petite affaire d'hospitalité.

Et Don l'Orignal se met en marche vers la côte, suivi des femmes qui transportent des couvertures, du bois de chauffage et du manger.

Joseph vient ouvrir aux visiteurs. Et c'est Don l'Orignal qui prend la parole.

— J'avons su que... la Sagouine nous a avertis que... ben je sons venus ouère si y arait point tcheque chouse que je pourrions faire pour vous.

Joseph fait à Don l'Orignal un grand soupir de soulagement et lui serre la main.

— Dieu vous le rende! qu'il dit.

Et tout le monde envahit la cabane à Sullivan.

Aussitôt la Sagouine s'approche de la jeune femme et se prend la tête à deux mains:

— Mon doux séminte! qu'elle s'écrie. La Cruche, va qu'ri' la vieille Ânne tout de suite.

— Quoi c'est qu'i' se passe? s'enquiert Don l'Orignal.

— I' se passe que la pauvre femme passera point la nuit sans aouère eu son petit, que lui répond la Sagouine.

Tandis que la Sainte lève les bras en l'air pour mieux exprimer sa réprobation:

— Si ç'a du bon sens asteur! En pleine nuit

d'hiver, une jeune parsoune dans c't'état-là!

Mais personne n'écoute plus depuis longtemps les imprécations de la Sainte. Et la Sagouine envoie la Cruche chez Ânne, la sage-
femme, tandis que Don l'Orignal bourre le poêle
d'écopeaux et s'efforce d'attiser le feu.

À la Butte-du-Moulin, Zacharie et Élisabeth
causent au coin du feu.

— J'avions promis à sus l'Orignal d'aller les
visiter aux Fêtes et de leu montrer le petit, que
dit Élisabeth sur un ton plaintif.

Mais Zacharie, qui a été muet pendant trois
mois, a pris le tour de jouer au sourd et il
n'entend pas.

Alors Élisabeth, qui a eu pour sa part tout
le temps d'apprendre à traiter avec un sourd,
élève la voix :

— I' devont nous espèrer sus l'Orignal que
je dis.

Zacharie comprend alors qu'il ne gagnera
pas la bataille : autant céder tout de suite et mé-
nager ses forces pour le voyage.

— C'est ben, c'est ben. J'irons pour le
Premier de l'An.

— Pourvu qu'i' seyont encore toutes là au
Premier de l'An.

— Quoi c'est qu'i' te prend, Zabeth? T'as
point accoutume d'être aussi fringante et effa-
rouchée. Ça sera des Fêtes coume les autres, et

je les avons déjà passées tout seuls, icitte sus la
Butte.

— Quoi c'est qui te dit que ça sera des
Fêtes coume les autres ?

— Ben...

— Ben... c't'ânnée y a rien coume les
autres.

Zacharie lève les bras et les laisse retomber.
A quoi ça sert ! Il n'est pas de taille à lutter
contre une femme capable d'enfanter sur ses
vieux jours.

Élisabeth a vu le geste et a eu le temps de
mesurer son avantage. Elle décide de charger.

— L'an darnier, la Sagouine a fait des pou-
tines, et la Sainte a fait des donuts, et Don
l'Orignal a tué une piroune pour le fricot ; pis
Noume a aouindu sa gramaphone et a fait jouer
la Bolduc, tandis que le vieux Siméon chantait
sa complainte de sus l'empremier. Apparence
qu'ils avont passé des belles Fêtes à la Pointe-à-
Jérôme, des ben belles Fêtes. Et pourtant,
c'était rien qu'un ânnée coume les autres, l'ânnée passée. Ça fait que là...

— Pacte tes affaires pis le petit, Zabeth,
qu'il dit soudain, Zacharie ; j'allons manger le
fricot des Fêtes sus l'Orignal.

Dans la nuit, deux formes humaines frayent
leur chemin sous l'épaisse neige qui tombe :
la vieille Ânne et la Cruche. Et en arrière,

en s'aidant de sa canne, Siméon s'efforce de les
suivre. Cette nuit-là, il n'y a plus qu'un centre
du monde : la cabane à Sullivan.

CHAPITRE VII

LA CRUCHE ouvre la porte et la sage-femme entre dans la cabane à Sullivan comme une maîtresse de maison. Elle commence par ranger les hommes le long des murs, puis elle se fraye un chemin jusqu'à la jeune femme. Et là... là en face de Mârie, elle... elle reste quelques secondes interdite, la vieille Ânne, et elle se tient le ventre, comme si ses propres entrailles avaient frémi. Les autres la regardent, sans bouger. Puis reprenant son aplomb, la sage-femme chasse de son front les images qui allaient s'y former : c'est point le temps de jongler, qu'elle se dit, l'heure presse. Et comme pour s'en convaincre, elle dit tout haut :

— Il était grand temps que j'arrive.

À ce moment-là, Don l'Orignal pense qu'il est temps de faire les présentations : il y a ici Joseph, son homme, puis la jeune femme s'appelle Mârie, pis la sage-femme, ben, tout le monde de la Pointe et des environs la nomme la vieille Ânne...

Mais Ânne, justement, est trop vieille pour gaspiller du temps, et elle écourte de quelques pouces les politesses de Don l'Orignal dans un geste de bras qui fait reculer tout le monde.

— Y a-t-i’ point une chambre à coucher icitte? Jamais je croirai que je devrons grimper c’te pauvre femme par l’échelle jusqu’au gornier.

C’est la Sagouine qui vient à son secours:

— Je sais point si je pouvons appeler ça une chambre à coucher, ben Sullivan avait accoutume de dormir dans c’te maniére de hangar à bois collé à la cabane.

Le cou de la Sainte s’allonge jusqu’au hangar à bois.

— Une chambre à coucher? qu’elle fait. Ça m’a tout l’air à moi d’être rien de plusse qu’un étable, c’te hangar-là.

Mais Ânne ne perd pas de temps.

— Fais du feu dans la truie, l’Orignal; et vous autres, appilotez de la paille dans le coin, qu’elle dit aux femmes.

Et les femmes et l’Orignal s’exécutent, pendant que la sage-femme, aidée de Joseph, soutient Mârie et la conduit dans le hangar à bois.

Tout le monde, sauf Ânne et Mârie, revient discrètement dans le grand bord. La porte qui mène au hangar reste à peine entrebâillée. Pendant quelques minutes encore on s’affaire autour des lampes, des bassins d’eau chaude, du bois de chauffage. Puis, ne parvenant pas à trouver un seul autre moyen de se rendre utile, on fait cercle autour de Joseph.

…Coume ça, c’est ben du Nôrd qu’i’ venont; et lui, c’est un charpentier de son métier;

et i' s'en alliont sus le gouvarneur?... Non, i' s'en reveniont, ah! oui; et pis le gouvarneur les a reçus... sus son devant-de-porte, oui, ben ça, c'est coume lui, ça le r'semble; et asteur, i' savont pus trop quoi c'est qu'i' va leur arriver, une parsoune peut-i' saouère! Par les temps qui vont, c'est malaisé... Coume qui dirait...

— I' disont qu'i' vous faudra toutes mouver à la ville ben vite, par rapport aux chemins pis aux écoles.

C'est la Sagouine qui a dit ça, et Joseph a hoché la tête.

Puis on a parlé de la pêche, puis des pêcheux, pis du poisson. La mer du Nôrd, apparence, est aussi pauvre que c'telle-là du sû. Ben c'est pas une raison, non, pas une raison pour la laisser aux canards pis aux goélands.

Très vite on s'aperçoit qu'on a fait le tour de Joseph, qu'on l'a appris, saisi, compris, et qu'à vrai dire, il est un homme comme eux, Joseph, un houme du coumun, comme on dit au pays. Alors on peut parler d'autre chose, ou se taire, tout simplement, et fumer ou chiquer ensemble.

On fait alors pour Joseph ce qu'on fait toujours dans ces cas-là, et qui est la plus haute marque d'hospitalité.

— Vous aimeriez peut-être entendre conter Siméon? que lui demande la Sagouine, toutes voiles au vent et toute parée déjà à larguer Siméon, le conteur, à l'aventure.

Joseph, qui n'a pas cessé de loucher vers le hangar à bois, se ressaisit pourtant à la proposition de la Sagouine et se tourne vers Siméon. Il attend. Mais ça se voit qu'il n'est pas de la Pointe-à-Jérôme, Joseph, et qu'il n'a pas encore pris toutes les moeurs du pays. Car un homme du Sû, hair et descendant de ses ancêtres du Sû, aurait compris qu'un conteur ne part pas comme ça, sans préparation et sans cérémonie. Conter c'est un métier, un don; et un conteur y met des formes.

Il commence par tirer sa chaise au centre de la place, le vieux Siméon, et par faire silence. Puis petit à petit, il part sur les berces de sa berceuse, cherchant dans le rythme de sa chaise le diapason et la cadence de son histoire. Puis doucement, sur un ton très bas, il demande permission à son public de conter un conte qui se contait au pays au temps des aïeux de ses aïeux, et qu'il tient lui-même de son père qui le tenait du sien.

— C'est une histouère vraie, à ce qu'on m'en a rapporté, et qui s'a passée dans les vieux pays, là où c'est qu'i' coule du lait pis du miel.

— C'était du temps que les bêtes parliont. Le boeu' pis l'âne, surtout, ben itou la jument, pis la borbis. Tout ce qu'un houme garde d'accoutume dans son étable. Ben ça, ça compornait point la basse-cour qui yelle jacasse à l'ânnée, anyway.

Joseph sourit et jette un oeil à Don l'Ori-gnal qui ne bronche pas. Alors Siméon, qui en a profité pour cracher, reprend:

— C'te fois-citte, l'un de mes aïeux se trouvait à passer par là. Et c'est lui qui a rap-porté ce qu'il a vu de ses yeux vu... Faut vous dire tout de suite que mon défaut aïeu, de son vivant, était ben en vie: i' mangeait du lard salé le vendordi, boivait sa biére au goulot, pinçait la catoune quand il avait une chance, jurait coume un djable, pis se gênait point pour sor-tir durant le prône par la grande allée. Ça fait que parsoune dans le boute arait pu se figurer que,c'est à lui qu'un saint arait venu faire son apparition, ou ben devant lui que les bêtes s'ariont mis à parler.

...Toujou' ben que c'te nuit-là, i' passait par là, au ras de l'étable. Et il a entendu de quoi qui ressemblait à un jargon de monde, ben qu'en était point, et il a rentré ouère: c'était le boeu' pis l'âne qui se parliont. Vous dire que mon défunt aïeu a point été surpris, ça serait mentir; il a été surpris, pas de soin, ben il l'a point fait ouère; par rapport que le boeu' pis l'âne, ils étiont chus eux dans l'étable, et c'est mal élevé de garder la bouche ouvarte devant le monde... Le monde, c'est une maniére de dire. C'était des animaux. Ben des animaux qu'avont la parole, j'ai pour mon dire...

...Toujou' ben qu'i' s'a approché du boeu', mon aïeu, y a tiré une corne, pis y a dit:

— Si vous parlez pour vrai, ben parlez-moi, qu'il a dit, disez-moi une parole que je peux comprendre.

Là le boeu' pis l'âne s'avont avisés et pis ils avont roulé leurs grands yeux surpris.

Si ça vous dérange, qu'il a dit, le boeu', je pouvons nous taire.

...Ben non, ça le dérangeait pas, le pauvre houme, ça y coupait le souffle, c'est toute; ça y chavirait la rate par-dessus le foie; ça y virait la tête de l'endroit à l'envers; pis ça y changeait de bôrd en bôrd son idée sus la vie pis sur le monde. C'est toute.

— Ça vous arrive souvent de parler coume ça? qu'il leu fit, mon aïeu.

— Une nuit de l'an, qu'ils firent, les animaux. À la barre du jour, je devons retorner dans nos peaux et reprendre nos beuglements accoutumés.

...Ça fait là, mon aïeu a levé la tête pis il a vu que la nuit était ben avancée et que le jour ben vite se lèverait. Il a eu coume pitché et compassion. Ça fait qu'il leur a dit:

— Y a-t-i' tcheque chouse que vous aimeriez que je leu dise, aux autres?

— Faut crouère, que disait mon aïeu, que les bêtes aviont point entendu ou point compris, parce qu'ils avont point répondu. Par rapport qu'ils restiont là, toutes les deusses, à m'aviser en pleine face, qu'i' dit, pis à forter dans la paille, coume si i' guettiont de quoi. Et pis là, tout d'un coup, l'âne s'a levé les oreilles pis il a dit:

— Il a accoutume de venir à peu près à c't'heure-citte; si ça vous dérange pas, j'allons l'espèrer.

...Et ils avont pus dit un mot.

...Mon défunt pére, qui m'a conté l'histouère, a tout le temps dit, lui, que les animaux aviont dû comprendre longtemps avant nous autres que la parole nous avait été baillée, au coumencement des temps, pour que j'apprenions à nous taire lôrs d'un grand événement.

Sur ces mots, Siméon se tait. Et toute la cabane à Sullivan entre avec lui dans le silence.

Au même instant, Ânne pousse la porte du hangar à bois et s'écrie:

— Venez le ouère, il est arrivé!

Et tout le monde s'engouffre dans le hangar.

...Il est là, le nouveau-né, sur les genoux de sa mère, à peu près assise dans la paille; Joseph, debout, s'appuie sur le manche d'un râteau; et par le carreau du hangar passent le museau d'un veau égaré et la barbiche d'une chèvre. Don l'Orignal et les siens, pour mieux voir, se penchent, s'agenouillent, et allongent la main comme pour le toucher.

Sur la baie, les petites cabanes à éperlans sont allumées chacune d'un fanal. Le temps est maintenant clair d'étoiles après la neige. Michel-Archange pique la tête dans sa porte et crie aux autres:

— Il est mênuit! venez prendre un coup!

Aussitôt les pêcheurs sortent des cabanes et s'amènent chez Michel-Archange. On bourre les pipes, on passe le goulot, et on tape du pied pour se réchauffer.

— Hé! dit Citrouille, écoutez ouère.

Et on écoute.

— Quoi c'est que c'est encore? demande Gapi.

— Ça joue de la ruine-babines sus la baie, répond Noume.

Et Michel-Archange:

— Sacordjé! quoi c'est qui se passe icitte?

Et tous les pêcheurs sortent sur la baie.

À cent pieds plus loin, sur le perron d'une cabane vide, un vieux quêteux joue tranquillement de l'harmonica devant un trou dans la glace où pend sa ligne.

— Quoi c'est qu'i' fait là, c'ti-là?

C'est Gapi qui s'est enhardi.

— I' joue, dit Citrouille, pis i' pêche.

...Ben oui, c'est sûr et certain, il pêche et joue de la musique à bouche. Mais qui est-ce?

— D'où c'est qu'i' d'vient?

— Faudrait y demander.

Au même instant, la musique se tait et le vieillard, tournant la tête vers les pêcheurs, leur crie:

— C'est-i' parmis à un pauvre passant affamé de se pogner queques épelans sus c'te baie?

Ces mots, dans le plus pur accent du pays, délient du coup les jambes des pêcheurs qui s'approchent de l'inconnu.

— Excusez-moi, qu'il dit, ben j'avais accoutume de passer la nuit des Fêtes dans la cabane abandonnée là-bas, au bord de l'eau. Ben de souère, y a quequ'un qui m'a devancé.

Les hommes en restent interdits.

— La cabane à Sullivan? demande Gapi.

Et Michel-Archange:

— Ça serait-i' qu'i' serait revenu au pays?

— C'est plein de monde là-dedans, reprend l'étranger. Des hommes, des femmes, des animaux, et j'ai cru même que j'avais aparçu un nouveau-né, gros comme ça, sus les genoux de sa mére.

— Allons ouère, dit Noume.

— Il m'a tout l'air d'aouère venu au monde dans c'te cabane-là, le petit, poursuit le quêteux. M'est avis que si jamais il pêche quand i' sera grand, il reconnaîtra le bon poisson du mauvais, c'ti-là.

Et il retourne à son harmonica.

Alors Michel-Archange, ramassant sa grappe d'éperlans gelés:

— Allons-y, qu'il dit.

Et les pêcheurs partent vers la cabane à Sullivan.

Citrouille se retourne pourtant une dernière fois vers l'inconnu:

— Le paradis à la fin de vos jours! qu'il lui crie.

Le vieillard sourit et se remet à jouer de son harmonica.

En se hâtant sur la baie, les pêcheurs se demandent ce que peut bien signifier tout ça. Un enfant... dans la cabane à Sullivan...

Mais Gapi n'est pas si gère de croyance.

— I' me feront point des accrouères à moi, point des accrouères avec du nouveau sus le Sullivan.

— Ben l'enfant nouveau-né, lui? de s'inquiéter Citrouille.

Gapi le regarde de travers:

— Quoi c'est qui te garantit que j'allons trouver là un enfant naissant?

Alors Michel-Archange se tourne carrément vers Gapi et lui jette à la tête:

— Ben dans c'te cas-là, pourquoi c'est ouère que tu viens le ouère, l'enfant naissant?

Et les pêcheurs reprennent leur course sur la baie.

On est bien affairé dans la cabane à Sullivan. Passé le premier émerveillement, on s'est tout de suite attaqué au plus pressant. Don l'Orignal a déniché puis épousseté une vieille auge, au grenier de la cabane, et la Sagouine l'a bourrée de paille et de foin. Puis la Cruche y a déposé sa veste de laine, pour pas que ça pique, et Siméon sa casquette pour lui faire un oreiller. La Sainte, pendant ce temps-là, tapisse les murs du hangar d'images pieuses qu'elle a trouvées dans la cuisine. Alors la Sagouine dénoue son tablier, le secoue à bras fermes, puis en emmaillote l'enfant qu'elle dépose dans l'auge.

Joseph, toujours appuyé sur son râteau, dans le coin, contemple la scène, à la fois heureux et inquiet.

Tout à coup, on entend de lourds pieds d'hommes frapper le seuil; puis la porte s'ouvre: ce sont les pêcheurs de la baie qui s'amènent.

Michel-Archange s'avance le premier, suivi des autres. Et chacun s'approche de l'auge timidement, en enlevant sa tuque ou son suroît.

— C'était ben vrai, dit Michel.

Et Gapi, gêné, finit pourtant par enlever sa casquette.

Alors les pêcheurs déposent aux pieds du nouveau-né les poissons gelés qu'ils ont rapportés de la baie.

— C'est point un grous présent, que dit Michel-Archange à Mârie, ben c'est les pus frais que j'avons.

— Je les avons pêchés c'te nuit, se hâte d'ajouter Noume; c'est des épelans.

— Ah! i' counaissont ça, intervient Don l'Orignal. C'est des genses des côtes itou; des côtes du Nôrd. V'là Joseph, qu'il dit, un bâtisseux de bâtiments.

— Joseph? répète Gapi. Ça serait-i' vous par adon qui...

Mais la parole de Gapi ne va pas plus loin. C'est sa jonglerie qui continue. Et il revoit l'image des pêcheurs du Nord, au printemps, qui lui avaient parlé d'un dénommé Joseph qu'avait reçu la visite d'un vieux quêteux... un vieux quêteux comme c'ti-là de la baie...

Et la Sagouine, pour la première fois de sa vie, voit son homme ébranlé, comme si soudain il doutait de son doute. Mais comme elle s'approche de lui pour lui souffler à l'oreille:

— Qui c'est qui vous a avartis de vous en venir?

...Il prend son temps pour répondre, Gapi, puis finit par laisser passer entre ses brèches:

— J'avons vu de la light icitte et j'avons cru que c'était le Sullivan qu'était revenu.

La Sagouine jette un oeil aux éperlans gelés aux pieds de l'auge. Puis elle regarde Gapi en plissant le nez et les yeux et fait:

— Heh!

Ils sont tous là, les pauvres, les cousins des côtes, entourant Joseph et Mârie, et l'enfant.

Noume, dans un coin, tourne à grands tours de bras la manivelle de son phonographe qui lâche quelques sons puis se bute. Et Noume jure par tous les diables.

Gapi sourit en entendant Noume.

— I' jurerait devant le Bon Djeu en parsoune, le petit sacordjé!

Puis se tournant vers Joseph, il lui passe
son tabac.

— Y avait un vieux hobo sur la baie tantôt
qui m'avait tout l'air... Ben moi, i' me feront
point des accrouères. Je mets ma fiance dans
parsoune, moi.

Joseph sourit, mais ne répond pas.

Alors Gapi:

— Vous êtes ben chanceux, vous, qu'il lui
dit, ben pus chanceux que le Zacharie de la
Butte-du-Moulin.

Joseph lève les sourcils et attend la suite.

— Au moins, dit Gapi en regardant le jeune
visage de Mârie, vous êtes sartain, vous, sartain
d'être le pére de votre garçon.

Alors Joseph aspire un grand coup dans sa
pipe et fait une épaisse fumée blanche au-dessus
de la tête de Gapi.

Au centre du plancher, la chaise-berceuse
s'ébranle et le vieux Siméon entonne la complainte du nouveau-né. Tout le monde se range
et se tient coi.

La Cruche, accroupie tout près de la jeune
mère, contemple le bébé dans l'auge. Puis sans
lever les yeux, elle dit tout bas à Mârie:

— Une parsoune doit se sentir ben après
que tout est fini... Pis a' doit se sentir contente...
pis a' doit être ben fière que ça y a arrivé à yelle,
pis qu'elle a rien fait pour empêcher ça...

— Oui, dit Mârie, ben fière et ben contente.
Alors la Cruche s'enhardit :

— Me r'semble que si ça m'arrivait à moi...
Elle lève un oeil vers Mârie qui sourit.

— ...si ça m'arrivait à moi, j'arais point
peur, point peur pantoute.

Noume, là-bas, commence à tirer quelques sons de son phonographe qui interfèrent
dans la complainte de Siméon.

— ...Les prêtres contont que c'est un grand
péché pour une fille, pis que si le Bon Djeu
refusait de pardouner, qu'une fille pourrait se
trouver à manquer son salut.

C'est maintenant *Tse long way to Tipperary*
qui sort du phonographe. Et tout le monde fait :
Ah !... sauf Siméon qui boude.

— ...J'arais ben aimé y expliquer, au prê-
tre, y dire que... je savais point coument y
dire... je sais point coument le dire à parsoune... Une jeune parsoune peut-i' en mouri'?

Mârie se penche vers la Cruche et fait signe
que non.

— T'es jeune, qu'elle lui dit, mais vigoureu-
se et ben portante.

La Cruche se redresse et fait signe que oui.

Et Mârie ajoute :

— Tu t'en aparcevras quasiment pas. Il est
dans ton ventre, pis tout d'un coup, il est
dans tes bras.

La Cruche en a les yeux tout ronds.

— C'est toute ? qu'elle dit.

Ânne, au-dessus des deux têtes, sourit et dit :

— Pour ceuses-là qui sont sans péché, c'est toute.

Alors la figure de la Cruche s'assombrit.

— Moi, chus point sans péché, qu'elle fait.

Mais Mârie l'interrompt :

— C'est point à toi de juger ça, ni à parsoune ; seurement à Dieu.

— Et coument c'est qu'une parsoune peut saouère ?

— Et pourquoi c'est qu'a' voudrait tant le saouère ? C'est-i' point assez de regarder son enfant dans un barceau, et d'être sûre qu'il est ben, qu'il est beau, qu'il a toute une vie devant lui et pis toute un étarnité après ? C'est-i' point en saouère assez, ça ?

La Cruche, une main sur son ventre et l'autre sur le berceau, avale toute la salive et toute l'angoisse qu'a' secrétées sa gorge depuis des mois. Et de belles larmes toutes neuves lui lavent les joues.

Asteur qu'a' soune, la gravaphone à Noume ! qu'a' turlutte, la Bolduc ! que toute la cabane à Sullivan chante, danse, éclate ! le monde est sauvé !... Et la Cruche rit avec Mârie en regardant l'enfant.

Au centre de la pièce, c'est la complainte du nouveau-né qui a triomphé du phonographe.

La Sagouine se redresse : ç'a cogné.

— Va rouvrir, Michel-Archange, commande
Don l'Orignal.

Et la cabane à Sullivan voit apparaître
trois messieurs dans la porte.

— Nous cherchions Saint-Fabien, dit le
doyen ; mais la tempête nous a frappés en route
et nous ne retrouvons plus notre chemin.

— Rentrez, dit Don l'Orignal, et faites
coume chus vous.

Et les trois savants pénètrent dans la cabane à Sullivan en se présentant : nouveaux commissaires chargés d'une enquête royale le long
des côtes.

C'est la Sainte qui est la plus impression-
née : trois grands hommes, figurez-vous ! des
savants, des hommes venus des vieux pays. Et
elle pousse tout le monde pour faire de la place
à la visite.

C'est à ce moment-là que la Commission
royale d'enquête aperçoit la scène dans le hangar à bois : un homme âgé appuyé sur les dents
d'un râteau, et une jeune femme assise dans la
paille, près d'une mangeoire où bouge un
nouveau-né. Les trois savants s'approchent sans
parler et plient les genoux pour mieux voir
l'enfant.

La Sainte, qui n'a pas cessé de ranger tout
le monde, semble avoir réussi enfin le tableau
qu'elle cherchait : Joseph, Mârie, les savants
étrangers autour du berceau, les pêcheurs et les
autres, un peu à l'écart, un genou en terre, re-

gardant tous l'enfant qui semble déjà vouloir sourire, mon doux séminte! Tout ce monde se tient coi, le temps d'une image, une image que la Sainte veut pouvoir passer à sa descendance dans les temps à venir.

Mais soudain, s'attrapant la tête, elle s'écrie:

— Jésus-Christ de Djeu! avec tout ça, vous m'avez fait manquer ma Messe de Mênuit!

Et toute la cabane éclate de rire.

CHAPITRE VIII

LE BEAU tableau de la Sainte a duré le reste de la nuit, la plus longue nuit de l'année, qu'on disait déjà, une des plus longues de l'Histoire, qu'on allait dire un jour. Mais le lendemain, et les jours suivants, la vie quotidienne a repris son cours, comme un fleuve refoulé qui largue de nouveau ses eaux.

Et la Sagouine, balai et seau en main, se prépare déjà à remettre de l'ordre dans la cabane à Sullivan. Elle ne se presse pas pourtant. Car elle sait bien, la Sagouine, qu'elle a toute sa vie pour frotter; mais qu'une personne qui remet à demain de faire son salut... Elle se souvient d'avoir déjà dit ça à Gapi; elle l'avait mis en garde et l'avait averti qu'il pourrait se trouver en retard à sa résurrection.

Il est jongleur, ce matin-là, Gapi, comme quelqu'un qui cherche à retrouver un objet perdu, ou à rattraper une occasion ratée. Et il piétine devant la porte de Sullivan.

Les autres aussi attendent. Ils sont tous là : Don l'Orignal, la Sainte, la Cruche, les pêcheurs, Siméon, Élisabeth et Zacharie. Ils se sentent heureux et pourtant désemparés, garrochés malgré eux, dans un lendemain qui pourrait venir à oublier la veille. Et ils s'accrochent, de toutes leurs griffes, à une image, un souvenir, un instant. Ils attendent Joseph et Mârie qui ramassent leurs affaires, et l'enfant.

Puis toutes les têtes se retournent pour voir approcher la sage-femme, la tireuse de cartes, la vieille Ânne qui se dirige tout droit vers Joseph. Elle l'attire à l'écart, le charpentier, et lui parle tout bas.

— Faut point retorner tout de suite dans le Nôrd, qu'elle lui dit.

Joseph acquiesce, mais veut savoir pourquoi.

— Ça se parle à matin qu'y arait des troubles dans votre boute, précise Ânne. Apparence que les pêcheux du Nôrd arions délivré c'te nuit le dénommé Isaïe Chiasson de sa prison. Ça fait que le gouvarneur voudrait asteur s'en prendre à tout le monde. Il arait même envoyé l'armée, à ce qu'i contont, pour arrêter tous les coupables.

— Mais de quoi c'est que je serions coupables, nous autres ? demande Joseph, avec la candeur que tout le monde lui accorde déjà.

La tireuse de cartes ne répond pas, mais tourne ses yeux vers l'enfant dans les bras de Mârie. Puis elle ajoute :

— Y a un passant qu'a passé par icitte à matin et qu'avait tout l'air d'être ben renseigné. I' vous fait dire qu'il vaudrait mieux prendre par le sû.

C'est la Sainte qui fait le tour du monde pour avertir chacun de la nouvelle.

— Ils allont partir par le sû. Ça se parle à la ville qu'y a des troubles dans leu pays et qu'i' devont point y retorner.

— Ben où c'est qu'ils allont aller ? de s'inquiéter la Cruche.

— Où c'est que j'irons toutes un jour : en exil, tranche Gapi.

Mais Michel-Archange s'objecte :

— Quoi c'est qu'i' dit là ?

Et chacun, en regardant Joseph et Mârie ramasser leurs affaires et se préparer pour un long voyage, pense à sa propre vie, éphémère et menacée.

— Après le Nôrd, ça sera le Sû, avertit Don l'Orignal. Je serions peut-être mieux de songer à patcher nos dôrés.

— M'est avis que ça servira point à grand chouse de mouver d'une place à l'autre, de dire Michel-Archange. Si c'est pour s'enfuir du Gouverneur Harold et de ses pareils, je serions aussi ben de bâsir de la terre, par rapport qu'y en a à faire le tour, de c'tes sacrés cochons-là.

— Ah ! le v'là qu'i' jure, de se scandaliser la Sainte.

Ce qui ne l'empêche pas d'ajouter elle-même tout de suite après :

— Ouais, une tête de cochon, c'te sacré Harold, une vraie tête de cochon !

Alors Don l'Orignal va au-devant du couple prêt à partir et balbutie:

— C'est pas grand chouse, ben ça pourra peut-être vous aïder si i' venait des mauvais jours.

Et il plante son poing dans la poche de veste de Joseph.

Chacun à son tour apporte son petit présent: couvertures, vêtements, pain et poissons.

Joseph les regarde tous, ému:

— Ça va nous mener ben loin, qu'il dit.

— J'ons point de l'or pis de l'argent, nous autres, s'interpose la Sainte, ben... Ben par où c'est qu'ils avont bâsi, les trois étranges?

Ils avaient bâsi dès le lendemain, les savants étrangers. Discrètement, comme ils étaient venus, sans laisser de traces. Si, quelques pièces d'or et d'argent dans le berceau.

Ils regardent la mer une dernière fois avant de retourner à la capitale faire leur rapport.

— Un rapport qui sera assez ambigu, dit le doyen. Rien de tout ça n'est très clair. Je n'ai pas l'impression que le Gouverneur Harold comprend vraiment grand-chose à son peuple.

— Allons-nous retourner lui rendre des comptes? demande le jeune bilingue.

L'autre aussitôt s'interpose:

— Si vous voulez mon avis, nous éviterons Harold et rentrerons directement par le nord.

— Oui, ajoute le doyen, rentrons par un autre chemin.

Le second, dans un dernier tour d'horizon, hoche la tête :

— Des mois de route et d'enquêtes, dans la boue et la neige, pour aboutir dans une cabane de pêcheurs où quelques pauvres gens fêtent la naissance d'un enfant... Pour une Commission royale, c'est pas un gros butin.

Le doyen hausse les épaules.

— On ne sait jamais, dit-il. Même Christophe Colomb ne savait pas qu'il découvrait l'Amérique et Moïse qu'il écrivait la Bible.

Et les trois savants tournent le dos à la mer.

Joseph, Mârie et l'enfant sont prêts. On se groupe autour d'eux. Alors la Sagouine, qui n'a pas oublié la scène chez Zacharie, demande comme ça à Joseph :

— Vous avez pensé à un nom pour votre garçon ?

Aussitôt tous les mentons et tous les nez se mettent en branle.

— Pourquoi pas Joseph, coume son pére ?

— Ou son aïeu Dâvit ?

— Ou ben, proclame la Sainte, pourquoi pas Emmanuel, coume le petit du Premier Ministre, pour rappeler qu'il a venu au monde le même jour que lui ?

— Voyons, la Sainte, le Premier Ministre,

c'est point de la parenté.

Alors Ânne, la défricheteuse, juge qu'il est temps d'intervenir, de débrouiller la parenté, et de mettre de l'ordre dans les broussailles généalogiques.

— Ce Joseph, venu du Nôrd, qu'elle dit, descend des mêmes ancêtres que nous autres.

« D'abord y a eu Abram, aouindu de la terre de France et travorsé en goélette jusqu'en Acadie en 1634.

« Puis, y a eu Isac, son garçon, pis Jâcques, pis quelques générations de pionniers à Grand-Pré.

« Ensuite les descendants de Jâcques avont toutes été déportés avec leux fréres et leux cousins vers le pays riche de la Louisiane, lors du Grand Dérangement.

« Queques-uns pourtant s'en avont revenus au pays de leux aïeux, à travers bois et prés. Un sartain Jude, lui, a poussé pus loin et s'a établi dans la vallée de Memramcook.

« Pis un siècle pus tard, l'un de ses descendants, un dénommé Dâvit, a quitté le logis paternel et s'en a été fonder une parouesse dans le Nôrd. C'est lui qui s'a battu avec le géant Gros-Louis pour une terre.

« C'te Dâvit était le pére à Elzéar, qu'était le pére à Jâcob, qu'était le pére à Joseph qui peut asteur choisir dans tout ça un nom pour son garçon.

Et la défricheteuse de parenté, essoufflée

et satisfaite, semble mettre un point final à la discussion. Mais elle n'avait pas compté avec Gapi qui sourit entre ses dents:

— M'est avis que ça pourrait finir coume sus le Zacharie, tout c'te défrichetage de parenté-là, qu'il dit; et qu'i' finiront par y bailler un nom qu'est même pas noumé dans son hairage et son lignage d'aïeux, Jésus-Christ de Djeu!

Personne ne relève les paroles de Gapi, soupçonnant bien que pour une fois c'est lui qui a raison; mais nul ne se doute qu'il vient pourtant lui-même de le nommer.

Don l'Orignal de nouveau s'approche du couple Joseph-Mârie et se donne de la voix:

— Je pourrions-t-i' vous accompagner un boute, jusqu'au chemin du roi?

La Sagouine ne laisse le temps à personne de dire ni oui ni non; elle arrache son ballot des mains de Mârie et prend la tête de la procession. La Sainte, se sentant lésée, bouscule les hommes et se place à côté de Joseph. Puis chacun se range dans la marche, emportant les effets de Joseph et Mârie qui, elle, serre l'enfant dans ses bras.

Au loin, à l'horizon, là où le chemin du roi vient chercher le sentier de vaches qui mène à la Pointe-à-Jérôme, on voit le peuple des pauvres faire de grands gestes de mains dans la direction de Joseph, Mârie et l'enfant qui s'en vont sur la route du sud.

Zacharie et Élisabeth se détachant des autres, se dirigent vers les collines de la Butte-du-Moulin. Et cette fois, leurs pas s'accordent.

— Et asteur, dit Michel-Archange, nous autres je devrons continuer à revivre dans nos cabanes à épelans et nos hangars à bois, coume si y avait rien qu'avait passé par chus nous, une nuit de décembre!

Et chacun, en revenant vers sa chacunière, se demande ce que sera sa vie après ça, et comment elle va changer.

Citrouille semble le plus confiant et ne cesse de sourire.

— Quoi c'est que vous demandez de plusse? qu'il dit.

Noume demanderait bien des choses de plus:

— Une job steady, un engin sus ma dôré, pis un bicycle à pets chromé avec une tcheue de renard au vent.

Et Michel-Archange voudrait une mer qui déborde de homards l'été, d'éperlans l'hiver, et de morues au printemps... Et la Sainte, une vie de piété et de bonnes oeuvres avec l'assurance bien assurée d'un paradis éternel à la fin de ses jours... Et la Sagouine, des crêpes et des couvertures pour tout le monde, un logis bien terrassé contre le froid, et mon Dieu! peut-être ben encore un pique-nique ou deux à Sainte-Mârie et des bingo dans le soubassement de l'église... Et Don l'Orignal, la paix, la tranquillité, rien de plusse... oh! peut-être une petite affaire moins de rhumatismes, si c'est pas trop demander... Et la Cruche... la Cruche, en se serrant le ventre, y enferme tous ses secrets qu'elle ne peut encore révéler... Et Gapi...

— Heh! qu'il dit.

La Sagouine le regarde: et lui, quoi c'est qu'i' veut tant que la vie y rapporte?

— Heh!... ou ben tchequ'un nous a fait des accrouères, ou ben i' pouvont point se bailler tout ce trouble pour rien. Tant qu'à faire, ben qu'i' changiont le monde! qu'il dit, Gapi.

Et chacun le regarde avec l'air de dire: T'en demandes fortement... ben j'en demandons pas moins, parsoune.

Et puis la Pointe-à-Jérôme retourne à ses affaires, en jetant pourtant un dernier coup d'oeil à l'horizon.

En passant devant la cabane à Sullivan, Gapi risque:

— I' voulit naviguer par les mers du large, le navigueux, pour y charcher le paradis; ben il arait peut-être mieux fait de l'espèrer chus eux coume j'avons toutes fait. C'est ce que je m'en vas y dire.

Alors la Sagouine, un pied en avant de lui, se retourne:

— Ben si il avait été chus eux dans sa caba-ne, le Sullivan, à espèrer les paradis, où c'est qu'ils ariont été échouer, Mârie et Joseph, pour mettre leur enfant au monde?

Et reprenant la tête de la marche, la Sagouine se dit que tout est bien fait comme ça.

　　La vieille Ânne, sur son perron, écoute crier les goélands.
　　— La tempête a lavé le temps, qu'elle leur dit. L'hiver finira par achever et le printemps par ervenir. Et le printemps qui vient, ben c'en sera un vrai, c'ti-citte, coume si i' fut le premier que j'arions jamais vu... Ouais, c'est clair dans les cartes, dans le cri des oiseaux, et c'est écrit dans le temps. La mer ara des poissons, et la terre des racines, et le firmament des étouèles. Et pis un jour, les houmes pourront parler aux ours et aux chats-cerviers sans qu'i' les griffiont ni les dévoriont. Et c'te jour-là, les houmes se parleront entre zeux, itou, et Dieu les écoutera... par rapport qu'à l'avenir, y ara tchequ'un pour parler pour zeux. Et c'ti-là... ben il a passé par chus nous, qu'elle dit, Ânne, la prophétesse du pays des côtes.

FIN

Août 1975

TABLE

DU MÊME AUTEUR

Chez le même Éditeur

Romans, contes et récits

Pointe-aux-Coques, roman, Montréal, Fides, 1958. Leméac, 1972, 1977.
Par derrière chez mon père, contes, 1972.
Don L'Orignal, roman, 1972, 1977.
Mariaagélas, roman, 1973. Grasset, 1975.
Emmanuel à Joseph à Dâvit, récit, 1975.
On a mangé la dune, roman, Beauchemin, 1962. Leméac, 1977.
Les Cordes-de-Bois, roman, 1977. Grasset 1977.
L'Acadie pour quasiment rien, guide historique, touristique et humoristique. En collaboration avec Rita Scalabrini, 1973.

Théâtre

La Sagouine, 1974 (nouvelle édition revue et considérablement augmentée). Grasset, 1976.
Les Crasseux, 1974 (édition corrigée, revue et augmentée).
Gapi et Sullivan, 1973 (épuisé).
Évangéline Deusse, 1975.
Gapi, 1976.
La Veuve Enragée, 1977.

Autre Éditeur

Rabelais et les traditions populaires en Acadie, Québec, Presses de l'Université Laval, 1971.